HELMUT SCHMIDT
Die Mächte der Zukunft

Buch

Die Konflikte der Zukunft haben uns eingeholt: am 11. September 2001 in New York, zweieinhalb Jahre später in Madrid, immer wieder auf dem Balkan, fast täglich im Nahen Osten. Die Angst vor unüberlegten und unkalkulierbaren Aktionen der amerikanischen Regierung ist unter Europäern inzwischen fast ebenso groß wie die Angst vor Anschlägen islamischer Terroristen. Wie konnte es dazu kommen? Was müssen wir tun, um unser politisches und ökonomisches Überleben auch im 21. Jahrhundert zu sichern? Was wird aus den USA? Wäre ein Rückzug der Hegemonialmacht von den Brandherden der Welt wirklich wünschenswert? Helmut Schmidt zeigt in diesem Buch deutlich die Chancen und Alternativen für die kommenden Generationen auf. Ein ebenso sachkundiger wie umfassender Beitrag zur politischen Orientierung in Zeiten der großen Umbrüche und Verunsicherungen.

Autor

Helmut Schmidt, geboren 1918 in Hamburg, 1953 Mitglied des Deutschen Bundestages, 1969–1974 mehrere Ministerämter, 1974–1982 Bundeskanzler. Seither Herausgeber der Wochenzeitung DIE ZEIT. Zahlreiche Buchveröffentlichungen, darunter die Bestseller »Menschen und Mächte« (1987) und »Weggefährten« (1996).

Von Helmut Schmidt ist im Taschenbuch außerdem lieferbar:

Weggefährten (75515)
Jahrhundertwende (75585)
Globalisierung (15379)
Auf der Suche nach einer öffentlichen Moral (15071)

Helmut Schmidt

Die Mächte der Zukunft

Gewinner und Verlierer der Welt von morgen

GOLDMANN

FSC

Mix
Produktgruppe aus vorbildlich
bewirtschafteten Wäldern und
anderen kontrollierten Herkünften

Zert.-Nr. SGS-COC-1940
www.fsc.org
© 1996 Forest Stewardship Council

Verlagsgruppe Random House FSC-DEU-0100
Das FSC-zertifizierte Papier *München Super* für Taschenbücher
aus dem Goldmann Verlag liefert Mochenwangen Papier.

2. Auflage
Taschenbuchausgabe März 2006
Wilhelm Goldmann Verlag, München,
in der Verlagsgruppe Random House GmbH
Copyright © der Originalausgabe 2004
by Siedler Verlag, München,
in der Verlagsgruppe Random House GmbH
Umschlaggestaltung: Design Team München
Umschlagfoto: Ullstein (00579232)
Lektorat: Thomas Karlauf, Berlin
KF · Herstellung: Str.
Druck und Bindung: GGP Media GmbH, Pößneck
Printed in Germany
ISBN 10: 3-442-15378-6
ISBN 13: 978-3-442-15378-7

www.goldmann-verlag.de

Inhalt

Vorrede

Viele Ereignisse draußen in der Welt sind für uns nur schwer zu bewerten. Was bedeuten sie? Welche Folgen können sie bewirken? Werden die Folgen auch uns betreffen?

Die hier folgenden Ausführungen sind ein Versuch, einen skizzenhaften Überblick zu geben über die Faktoren, welche in den nächsten beiden Jahrzehnten den Fortgang der Weltgeschichte beeinflussen werden. Historiker, Ökonomen, Politologen und Wissenschaftler anderer Disziplinen könnten zwar ein viel genaueres und vollständigeres Panorama entwerfen. Sie würden dafür aber ein dickes Buch schreiben müssen. Und wären doch mit ihren Prognosen in derselben Situation wie ich, denn Prognosen können eintreffen oder auch nicht.

Mein Szenario muß zwangsläufig vereinfachen. Es begnügt sich damit, dem politisch interessierten Leser die heute wichtigen Zusammenhänge aus europäischer Sicht zu beschreiben und ihm die wesentlichen Interessen und Tendenzen in der Welt von morgen zu skizzieren. Es geht um Spielräume und Alternativen für künftige Entscheidungen, aber auch um mögliche Konflikte. Die Vereinigten Staaten von Amerika bilden dabei unvermeidlich einen Schwerpunkt.

Dabei stütze ich mich dankbar auf einen sich über viele Jahre erstreckenden Gedankenaustausch mit Freunden und Kollegen in vielen Ländern, auch im eigenen Land. Besonderen Dank für Anregungen, Kritik und Hilfen schulde ich Stefan Collignon, Thomas Karlauf, Birgit Krüger-Penski, Rosemarie Niemeier, Armin Rolfink, Susanne Schmidt, Peter Schulz, Theo Sommer, Fritz Stern und Walther Stützle.

Zwar fließt einiges an politischer Lebenserfahrung in diese Skizze ein. Gleichwohl reicht mein Blickfeld kaum über die beiden nächsten Jahrzehnte hinaus. Schon morgen oder übermorgen kann die Welt ganz anders aussehen.

Helmut Schmidt
Hamburg, im Juli 2004

I

WAS WIR VON DER ZUKUNFT WISSEN KÖNNEN – UND WAS NICHT

Ein düsteres Szenario

»Das blutigste aller Jahrhunderte haben wir hinter uns. Der Untergang des Abendlandes hat nicht stattgefunden. Im Gegenteil: Die europäischen Diktaturen sind an ihr Ende gekommen. Die Grundrechte des Menschen gewinnen an Geltung. Der Wille zur Demokratie breitet sich aus. Und seit fünfzig Jahren wächst langsam die Europäische Union heran.«

So schrieb ich vor vier Jahren im Vorwort zu meinem Buch *Die Selbstbehauptung Europas*. Am Ende wagte ich einige Prognosen; eine davon betraf die muslimische Welt: »Gute Nachbarschaft mit dem Islam wird im Laufe des neuen Jahrhunderts zu einer der Bedingungen für die Selbstbehauptung Europas werden. Es könnte sogar dahin kommen, daß der Frieden ... davon abhängt.«

Das Vorwort war auf den 1. September 2000 datiert. Wurde ich durch die furchtbaren Ereignisse ein Jahr später bestätigt? Oder hatte ich mich getäuscht? War ich zu optimistisch gewesen? Mit den Anschlägen vom 11. September 2001 und der amerikanischen Reaktion bekam meine Voraussage jedenfalls eine neue Dimension.

Kein Ereignis der letzten Jahre hat unser Bild von

der Welt in so dramatischer Weise verändert. Ein von den meisten westlichen Regierungen bis dahin weitgehend vernachlässigtes Thema rückte plötzlich in den Mittelpunkt des aktuellen Weltgeschehens. Wer es heute unternimmt, die Tendenzen, die gegenwärtig in der Welt sichtbar sind, in die nähere Zukunft weiterzuführen, muß wohl mit der Möglichkeit eines *clash of civilizations* rechnen. Ein die Welt erschütternder Zusammenprall zwischen dem Islam und dem Westen ist tatsächlich denkbar geworden. Die katholische Reconquista auf der Iberischen Halbinsel und die Niederlagen des Osmanischen Reiches vor den Toren von Wien hatten den auf Europa gerichteten Vormarsch des Islam für Jahrhunderte beendet. Heute leben viele Millionen muslimischer Gläubiger in Europa; der Islam reicht von Rußland über Zentralasien bis nach Indonesien, von Pakistan über den Mittleren Osten bis nach Schwarzafrika. Ein Fünftel der heutigen Weltbevölkerung sind Muslime. Fast ein Drittel aller Staaten der Welt ist muslimisch geprägt. Nur wenige, nämlich einige kleine Ölstaaten, sind wohlhabend; die große Mehrzahl der Muslime lebt in Armut.

Unter den Staaten mit muslimisch geprägter Bevölkerung erfreuen sich Iran, Ägypten und die Türkei einer geschichtlich gewachsenen Legitimität. Die meisten muslimischen Staaten waren jedoch bis zum Ende des Zweiten Weltkrieges Kolonien oder Protektorate der europäischen Kolonialmächte; deren Willkür verdanken sie ihre heutigen Grenzen. In vielen Fällen wurden verschiedene Völker und Stämme, verschiedene Sprachen und Religionen in ein und dieselbe Kolonie zusammengezwungen. Derart heterogene Gebilde waren für die imperialen Mächte nur mit militärischen Mitteln beherrschbar. Daran änderte sich auch nichts, als die Kolonien und Protektorate in die staatliche Selbständigkeit entlassen werden mußten. Die massenhafte Armut, zumal in den schnell wachsenden Millionenstädten, erschwert das Regieren zusätzlich. Gewachsene politische Strukturen und politische Eliten sind eine große Ausnahme. Deshalb fehlt es in den meisten muslimischen Staaten auch an einer zielstrebigen ökonomischen Politik und einer zuverlässigen Verwaltung, statt dessen blüht vielfach die Korruption. Es handelt sich ökonomisch und sozial fast ausschließlich um Entwicklungsländer.

In diesen Ländern bieten die gewaltigen Unterschiede zwischen der Masse der Armen und einer in Luxus schwelgenden Oberschicht allein schon einen ergiebigen Nährboden für Kriminalität, Extremismus und Aufstände und für Verbrechen. Wenn dann noch charismatisch begabte religiöse oder politische Führer auftreten, kann es aus allgemeiner Unzufriedenheit schnell zu einer Eskalation von Gewalt und Gegengewalt kommen. Die Beispiele des letzten Jahrzehnts reichen von Ost-Timor bis nach Ostafrika, vom Kaukasus bis nach Bosnien, vom Mittleren Osten über Algerien bis nach Westafrika. In einigen überwiegend von Muslimen bewohnten Ländern und Regionen versuchen religiöse Führer, eine orthodox an Koran und Scharia orientierte Ordnung zu errichten; im Iran ist dieser Prozeß gut zu beobachten. Die Taliban-Herrschaft in Afghanistan war ein abscheuliches Beispiel; anderswo gibt es Versuche, bestimmte Regionen gewaltsam aus dem bisherigen staatlichen Verband zu lösen und einen souveränen Staat zu begründen, mindestens aber weitgehende Autonomie zu erlangen – so zum Beispiel in Tschetschenien. In einer Reihe von Fällen sind blutige Konflikte die Folge. Verdeckte, manchmal sogar offene Einmischung und Unterstützung durch Dritte sind dabei selbstverständlich. Die technologische Globalisierung hat Einmischungen aller Art sehr erleichtert und auch private Kriegführung in großem Stil möglich gemacht – El Qaida hat es gezeigt.

Politische Einmischungen und militärische Interventionen des Westens in islamische Konflikte sind in den letzten Jahrzehnten zumeist von den USA ausgegangen. Die Motive entsprangen zum Teil missionarischem Idealismus; zum Teil spielte die Besorgnis um die eigene Ölversorgung eine Rolle, zum Teil die Besorgnis um die Sicherheit Israels, das mit den USA auf vielfache Art verbunden ist. Seit dem gegen die USA direkt gerichteten Kolossalverbrechen vom 11. September 2001 spielt die Sorge um die eigene Sicherheit eine beherrschende Rolle im amerikanischen Denken. Gleichzeitig hat das Bewußtsein, die singuläre, alleinige Supermacht zu sein, die von keiner anderen Macht behindert werden kann, imperialistische Motive hervorgebracht. Diese Machtpolitik ist gepaart mit Egoismus und Rücksichtslosigkeit.

Die amerikanische Regierung unter Präsident Clinton war sich über die innere Situation des Vielvölkerstaates Jugoslawien nicht im klaren, als sie in den neunziger Jahren in Bosnien und im Kosovo eingriff, um einen drohenden Völkermord an den Muslimen zu verhindern. Sie intervenierte militärisch und konnte einen Waffenstillstand erzwingen, nicht aber eine Lösung der jahrhundertealten Konflikte zwischen drei Religionen und acht Völkern (dazu noch mindestens vier ethnischen Minderheiten). Der Zusammenbruch des allein durch militärische und polizeiliche Macht zusammengehaltenen Kunststaates Jugoslawien war seit 1980, seit dem Tod des fähigen, zugleich rücksichtslosen Diktators Josip Broz Tito, absehbar gewesen. Die amerikanische Zielvorstellung, den Staat Jugoslawien aufrechtzuerhalten, war dagegen naiv. Im besten Falle wird es auf lange Zeit dabei bleiben, daß der Westen mindestens in Bosnien, im Kosovo und in Mazedonien de facto oder de jure Protektorate errichtet und unterhält. Weil die muslimischen Minderheiten der ehemaligen Sozialistischen Föderativen Republik Jugoslawien konzentriert in den vorgenannten ehemaligen Landesteilen leben, empfinden sie die westlichen Protektoren als Schutzmacht gegenüber den Serben, nicht als Feinde. Ob es bei dieser Haltung der balkanischen Muslime bleibt, hängt vornehmlich vom weiteren Verhalten der Protektoren ab, außerdem aber von der künftigen Entwicklung des allgemeinen Verhältnisses zwischen dem Westen und dem islamischen Teil der Weltbevölkerung.

Die amerikanischen Interventionen in Afghanistan und im Irak und deren psychologische und politische Folgen standen unter ganz anderen Vorzeichen. Sowohl Afghanistan mit 27 Millionen Menschen als auch der 23 Millionen Einwohner umfassende Irak sind muslimische Staaten. Der Irak besteht zu etwa sechzig Prozent aus Schiiten und zu etwa zwanzig Prozent aus Sunniten. Die Iraker sind zu achtzig Prozent Araber, etwa 15 Prozent sind Kurden, dazu kommen einige kleinere Minderheiten. Das sunnitische Volk der Kurden umfaßt mindestens zwanzig Millionen Menschen; die größere Hälfte – etwa 13 Millionen – lebt in der Türkei, weitere gut fünf Millionen leben im Iran, weniger als vier Millionen im Irak. Die Einwohner des Irak zerfallen demnach in drei Hauptgruppen: sunnitische Araber, schiitische Araber und sunnitische Kurden. Der Ausgang des amerikanischen Experimentes, in dem heterogenen Irak eine Demokratie zu errichten, ist nicht absehbar. Man kann keineswegs ausschließen, daß das Land noch lange ein Herd der Unruhe bleibt. Ein Gleiches gilt für Afghanistan.

Nach dem Ersten Weltkrieg, als die Siegermächte das Osmanische Reich aufteilten, war der Irak zunächst ein britisches Mandat, später entstand daraus unter britischer Führung der heutige Staat. Die Siegermächte hatten zwar auch den Kurden einen eigenen Staat versprochen, ihr Versprechen aber nicht gehalten. Die Araber dagegen erhielten die staatliche Selbständigkeit in Saudi-Arabien, Syrien, Jordanien, den Emiraten usw. Die arabische Sprache, vor allem aber die Religion des Islam, erzeugten von Anfang an ein starkes Bewußtsein der Gemeinsamkeit. Zeitweilig spielten auch die Arabische Liga und die OPEC eine politisch wichtige Rolle; dieser ökonomisch mächtigen Organisation Erdöl exportierender Länder gehören fast ausschließlich muslimische Staaten an.

Das Bewußtsein der Gemeinsamkeit wird besonders durch den seit über einem halben Jahrhundert anhaltenden Konflikt zwischen Israel und den Palästinensern und durch den Streit um die heiligen Stätten in Jerusalem wachgehalten und gestärkt. Immer dann, wenn der israelisch-palästinensische Konflikt blutig eskaliert, fühlen sich viele Muslime in der ganzen Welt zur Parteinahme und zur Solidarität mit den Palästinensern herausgefordert. Es gibt viele Gruppen, Organisationen, Stämme und auch Regierungen, die mit den Palästinensern sympathisieren. Weil Amerika im Nahost-Konflikt schon vor Jahrzehnten offen die Partei Israels ergriffen hat, ist der Argwohn der Araber gegen die USA eine zwangsläufige Folge; die guten Beziehungen zwischen Washington und den Regierungen in Kairo und Riad ändern daran nichts.

Theoretisch hätten die USA die Macht, die feindlich gesinnten Nachbarn Israels zu besiegen oder gar zu vernichten. Sie haben aber keine ausreichende Macht, alle feindlich gesinnten Nachbarstaaten zu besetzen und zu regieren. Die tatsächlichen Möglichkeiten der pro-israelischen Strategie Amerikas liegen deshalb weit unterhalb dieser Schwelle. Falls die USA prinzipiell bei ihrer bisherigen Linie bleiben, kann die generelle Feindseligkeit der islamischen Welt gegenüber Amerika noch wachsen. Der islamistische Extremismus gewinnt allerdings auch unabhängig vom Nahost-Konflikt in wichtigen islamischen Ländern, von Algerien und dem Norden Nigerias bis in den Iran, nach Malaysia und Indonesien, zunehmend an Boden. Je weiter sich das Konfliktpotential geographisch ausdehnt, um so mehr werden die USA hilfswillige Verbündete oder Satellitenstaaten benötigen, um sich erfolgreich durchzusetzen. Ihre eigenen Streitkräfte haben schon auf dem Balkan, in Afghanistan und im Irak nicht ausgereicht. Die USA sind auf verbündete Truppen angewiesen.

Wenn in dieser weltpolitischen Lage und bei einer

weiteren Zuspitzung die europäischen Verbündeten auf ihren vermittelnden, beide Seiten mäßigenden Einfluß verzichten und sich außerdem – weit über ihre im Nordatlantik-Pakt geographisch definierten Beistandspflichten hinaus – militärisch auf seiten Amerikas beteiligen, kann daraus ein weltweiter Konflikt zwischen dem Islam und dem Westen entstehen. Wer diesen Konflikt für unvermeidlich erklärt, der kann ihn herbeiführen. Zwar muß ein solcher *clash of civilizations* keineswegs einen Weltkrieg auslösen. Wohl aber könnte er, psychisch und politisch, bis zu zwei Milliarden Menschen betreffen – und ihre Lebensbedingungen tiefgreifend verändern. Eine Vielzahl kleiner lokaler und regionaler Konflikte würde nicht nur zahlreiche Menschenleben kosten, sondern auch weltweit zu ökonomischen Einschränkungen und einer Zunahme des internationalen Terrorismus führen.

Ich räume ein: Dies ist ein ziemlich pessimistisches Bild unserer Zukunft. Gewiß kann man andere, auch optimistische Szenarios dagegensetzen. Gleichwohl scheinen Skepsis und Vorsicht geboten. Immerhin glaubt die derzeitige Regierung des heute mächtigsten Staates der Welt, der kolossale Anschlag vom 11. September 2001 habe die Welt zu unser aller Nachteil verändert, und deswegen seien die USA zum »Krieg gegen den Terrorismus« verpflichtet. So wie die Veränderungen der Welt sich in amerikanischer Sicht darstellen, führen sie zu Veränderungen der amerikanischen Strategien. Und die neuen Zielsetzungen Amerikas verändern in den nächsten Jahrzehnten die Welt tatsächlich.

Gleichzeitig aber sind, davon weitgehend unberührt, andere tiefgreifende Veränderungen zu erwarten, vor allem in Asien, im Mittleren Osten und in Afrika. Aus chinesischer Sicht stellt sich die entstehende neue Weltlage anders dar als aus islamischer Perspektive, wieder anders aus europäischem Blickwinkel. Je nach unseren Ängsten, Erwartungen und Hoffnungen leben wir in verschiedenen Welten – aber objektiv gibt es nur eine einzige Welt. Und die des 21. Jahrhunderts wird objektiv verschieden sein von derjenigen des Jahrhunderts der beiden Weltkriege und des Kalten Krieges zwischen West und Ost. Aber wo liegen die entscheidenden Veränderungen? Was sind die unverrückbaren Tatsachen? Was können wir von der Zukunft wissen – und was bleibt ungewiß? Was können wir tun? Was sollen wir tun?

Wer nach Antworten sucht, für den werden zwangsläufig die USA im Vordergrund stehen. Denn die USA bleiben auf absehbare Zukunft der einzige Staat, dessen Macht und Einfluß militärisch, politisch, technologisch und ökonomisch jeden Winkel der Erde erreichen kann. Nach der Einwohnerzahl macht das amerikanische Volk mit bald dreihundert Millionen Menschen nicht einmal ein Zwanzigstel der über sechs Milliarden umfassenden Weltbevölkerung aus, China dagegen ein Fünftel, Indien ein Sechstel. Die islamischen Staaten und die Muslime insgesamt stellen ein weiteres Fünftel. Gegenüber diesen Größenordnungen sind die europäischen Staaten – mit der Ausnahme Rußlands – zahlenmäßig von sehr geringem Gewicht.

Unabhängig von ihrer Größe gehen von einigen der insgesamt fast zweihundert Staaten der Welt erhebliche Einflüsse auf Weltpolitik und Weltwirtschaft aus, so zum Beispiel von der relativ kleinen Weltmacht

Rußland oder vom noch etwas kleineren Japan – oder von dem nur sieben Millionen umfassenden Israel. Einige dieser Einflüsse auf die Staatengemeinschaft sind zu Beginn des 21. Jahrhunderts vorhersehbar, andere bleiben einstweilen ungewiß.

Unterschiedliche Perspektiven

Im Jahre 1900 haben viele Menschen mit Optimismus auf das neue Jahrhundert geblickt. Zu ihnen zählten die große Mehrheit der Amerikaner und die meisten Europäer – einschließlich der Arbeiterbewegung und der Sozialisten. Aber wer hätte die beiden Weltkriege vorhergesehen, Aufstieg und Fall des sowjetischen Imperiums oder die Auflösung der Kolonialreiche? Wer hätte erwartet, daß die Zahl der gleichzeitig lebenden Menschen sich im Laufe dieses neuen Jahrhunderts vervierfachen würde? Wer hätte das nahezu gleichzeitige Ende des Osmanischen Reiches und des Kaisertums in China, Rußland, Deutschland und Österreich vorausgesehen?

Ein Europäer, der heute auf das bevorstehende 21. Jahrhundert blickt, kann wenigstens einige der kommenden Prozesse erkennen. Aber auch wer das erste Viertel des 21. Jahrhunderts einigermaßen überschaut, ist vor Überraschungen keineswegs sicher. Insgesamt sind die Erwartungen der meisten Europäer heute von etwas weniger Optimismus und von etwas mehr Skepsis geprägt als vor einhundert Jahren; die Mehrheit der Amerikaner hingegen ist immer noch sehr optimistisch. Meist bestimmen Ängste oder Hoffnungen die Prognosen, rationale Zukunftserwartungen sind die Ausnahme. Gleichwohl ist die heutige Ausgangslage in einigen Punkten ziemlich deutlich.

In *Afrika* unterscheidet sich die Situation prinzipiell kaum von den Zuständen, die dort schon vor einem Vierteljahrhundert zu beobachten waren. Alle Staaten Afrikas sind Entwicklungsländer. In großen Teilen Schwarzafrikas haben die ökonomischen und sozialen Nöte aber geradezu zerstörerischen Charakter. In einigen Regionen und Staaten kommt es infolgedessen immer wieder zu Bürgerkriegen; sie sind zum Teil durch Stammesfeindschaften oder ethnische Gegensätze, zum Teil durch religiöse Gegensätze zusätzlich motiviert. Somalia, Sudan, Ruanda, Kongo oder Liberia sind jüngste Beispiele. Der Arabisch sprechende Norden des Kontinents steht etwas besser da; aber die Probleme der Übervölkerung betreffen auch Ägypten und die Städte Algeriens. Insgesamt erscheint Afrika als ein von großen Sorgen geplagter Erdteil. Gefahren, die weltpolitische Konsequenzen nach sich ziehen könnten, scheinen von dort jedoch nicht auszugehen.

In *Lateinamerika* sieht es zwar besser, aber doch ähnlich aus. In vielen Regionen und Städten herrschen Armut und Hunger. Weil die Einwohnerzahlen überall schnell wachsen, wächst auch die Zahl der Armen. In vielen Staaten führen wirtschaftliche, soziale und Verschuldungsprobleme von Zeit zu Zeit zu politischer Unruhe und zu Umstürzen. Die Probleme Lateinamerikas werden allerdings ebensowenig wie die Probleme Afrikas Auswirkungen auf andere Teile der Welt haben.

Asien bietet ein höchst uneinheitliches Bild. Japan, Südkorea, Taiwan, Singapur und Israel haben ein hohes technologisches Niveau erreicht und erfreuen sich eines hohen Lebensstandards. Die große Mehrzahl der asiatischen Staaten gehört hingegen zu den Entwicklungsländern, so auch die russische Landmasse Sibiriens. Das ökonomische Niveau dieser Entwicklungsländer ist allerdings sehr unterschiedlich. Einige Staaten sind extrem arm und gehören zu den *least developed countries*, so zum Beispiel Bangladesch oder Nordkorea. Die größten ökonomischen Fortschritte werden seit fünfundzwanzig Jahren in der Volksrepublik China erzielt, gefolgt von Indien, Vietnam und Malaysia. Andere Staaten Asiens wie zum Beispiel Afghanistan oder Usbekistan verharren indessen auf niedrigem wirtschaftlichem Niveau.

Mit der wichtigen Ausnahme des Kaschmir-Konfliktes zwischen Indien und Pakistan scheint von den drei derzeit bedeutendsten Staaten Asiens keine weltpolitische Gefahr zu drohen, weder von China oder Indien noch von Japan. Die Teilung der koreanischen Halbinsel, die Abspaltung Taiwans von China, die Abhängigkeit der Welt vom Öl einerseits und der Ölreichtum in Zentralasien, im Iran und im Mittleren Osten andererseits bilden jedoch eine lange Kette von Unruheherden. Die größten Gefahren für den Weltfrieden liegen im Mittleren Osten und im israelisch-palästinensischen Konflikt. (Während man im Deutschen üblicherweise vom Nahen Osten spricht, habe ich mir dem amerikanischen Sprachgebrauch folgend angewöhnt, den gesamten Raum von Palästina/Israel bis nach Pakistan, vom östlichen Mittelmeer bis an den Golf von Aden als Mittleren Osten zu bezeichnen.) Dazu kommt die Ungewißheit über die atomaren Bewaffnungsabsichten Nordkoreas und Irans. Immerhin gibt es neben den fünf »klassischen« Atomwaffenmächten USA, Rußland, Frankreich, England und China – alle fünf mit Veto-Recht im Sicherheitsrat der UN – in Asien drei weitere Nuklearwaffen-Staaten: Israel, Indien und Pakistan. Die Verbreitung atomarer Massenvernichtungsmittel hatte im 20. Jahrhundert immens zugenommen; ob sie im 21. Jahrhundert gestoppt werden kann, bleibt eine offene Frage.

Im Vergleich mit Asien und dem Mittleren Osten erscheint *Europa* als ein ruhiger Erdteil. Es gibt zwar einige räumlich begrenzte Krisenherde in Nordirland, im Baskenland und in Teilen des ehemaligen Jugoslawien; aber von ihnen gehen für die Welt keine Gefahren aus. Dies gilt ebenso für die gegenwärtige politische Krise der Europäischen Union. Sie ist die Folge der überstürzten Erweiterung um zehn zusätzliche Mitgliedsstaaten, des Unvermögens zur Anpassung ihrer Institutionen und Verfahren und schließlich die Folge ihrer Aufspaltung in Befürworter und Teilnehmer des Irak-Krieges einerseits und in Gegner andererseits. Auch die Sinnkrise der Nordatlantischen Allianz und ihrer militärischen Maschinerie NATO beschäftigt die Welt nicht sonderlich. Die zu Beginn des neuen Jahrhunderts sichtbar gewordene Doppelkrise der Europäischen Union und der NATO muß zwar viele Europäer beunruhigen, zumal beide unausgesprochen auch der Einbindung Deutschlands dienen; aber die Mehrzahl der Menschen in den anderen Teilen der Welt und ihre politischen Führer sind davon kaum berührt.

Amerika hat auf vielen Gebieten eine führende Rolle übernommen: in den Naturwissenschaften und

in der Medizin, in vielen Technologien, auf den Finanzmärkten und ganz besonders auf militärischem Gebiet.
Die meisten Menschen in den anderen Erdteilen erkennen diese Rolle an und schätzen sie hoch ein. Teils be-
wundern sie die USA und ahmen sie nach, teils fürch-
ten sie Amerika – und einige hassen das Land aufgrund
seiner Dominanz. Die Amerikaner selbst scheinen ihre
Rolle noch höher zu bewerten. Manche ihrer Politiker
halten sich sogar für fähig und berufen, die Welt neu zu
ordnen – ähnlich wie bereits nach den beiden Weltkriegen des 20. Jahrhunderts. Gleichzeitig hat aber El Qaida
zu Beginn des neuen Jahrhunderts die Verletzbarkeit
der USA demonstriert. Erstmals seit Generationen ist
Amerika auf seinem eigenen Boden angegriffen worden. Fast die ganze Welt hat den Eindruck gewonnen,
daß die USA seither mit ihrer gesamten politischen
Macht und mit allen militärischen Mitteln den internationalen Terrorismus bekämpfen. Der Verlauf dieses
Kampfes, sein Ende und seine Folgen sind heute nicht
abzusehen.

Globale Gefährdungen

Während die Konsequenzen des amerikanischen Weltordnungsanspruchs einstweilen im ungewissen bleiben, gibt es eine Reihe wichtiger Faktoren, deren Auswirkungen auf die nächsten Jahrzehnte durchaus erkennbar sind. Vor allem vier große Komplexe werden die weitere Entwicklung maßgeblich beeinflussen:

1. die Bevölkerungsexplosion und ihre Folgen,
2. die Folgen der technologischen und ökonomischen Globalisierung,
3. die Anfälligkeit der internationalen Finanzmärkte sowie
4. die Auswirkungen des internationalen Waffenhandels.

Bevor ich auf diese vier Problemkreise etwas näher eingehe, möchte ich einige Bemerkungen über Gewinner und Verlierer der Globalisierung im allgemeinen vorausschicken. Globalisierung ist ein neues Schlagwort für einen alten Sachverhalt. Weltwirtschaft und Weltmärkte hat es schon immer gegeben. Neu ist der Umstand, daß heute nahezu jeder Staat daran beteiligt ist, seit zwei Jahrzehnten auch China, seit einem Jahrzehnt alle Nachfolgestaaten der Sowjetunion und alle Staaten ihres früheren Herrschaftsbereiches. Neu ist auch das hohe und weiterhin zunehmende Ausmaß der weltwirtschaftlichen Verflechtung vieler Volkswirtschaften. Nur scheinbar neu ist dagegen die in vielen Ländern um sich greifende populistische Ablehnung dieses ökonomischen Prozesses. Denn tatsächlich haben auch früher preußische Gutsherren oder amerikanische Farmer oder französische Landwirte sich mit Hilfe von Schutzzöllen, Importbeschränkungen, Devisenzwangswirtschaft und durch Errichtung weiterer Barrieren gegen billigere ausländische Konkurrenz gewehrt. Ähnliche Maßnahmen gab es in vielen Industriezweigen, mannigfach unterstützt von den Gewerkschaften. In Europa, in den USA, auch in den Kolonialreichen bildete sich über viele Generationen eine starke politische Opposition gegen den internationalen Freihandel; am erfolgreichsten war sie nach dem Ersten Weltkrieg, besonders im Zusammenhang mit der weltweiten Wirtschaftsdepression der dreißiger Jahre.

Seit dem Zweiten Weltkrieg hat der Freihandel gewaltig an Boden gewonnen. Dazu haben zunächst die wesentlich von amerikanischen Idealen und Interessen inspirierten Organisationen wirksam beigetragen, nämlich die Welthandelsorganisation WTO (und ihr Vorläufer GATT = General Agreement on Tariffs and Trade), der Weltwährungsfonds (IMF), die Weltbank und andere. Seit dem Ende des Kalten Krieges ist das freihändlerische Engagement der USA allerdings deutlich zurückgegangen.

Nun gibt es viele Volkswirtschaften, die zurückbleiben; Milliarden Menschen leben in Armut. Die seit einem halben Jahrhundert von fast allen wohlhabenden Staaten geleistete Entwicklungshilfe hat daran nichts Wesentliches geändert. Es ist daher zu befürchten, daß es auch in den nächsten Jahrzehnten bei dieser höchst ungleichmäßigen Verteilung von Wohlstand und Armut auf der Welt bleiben wird. Es ist eine Schande, wenn westliche Staatsmänner den Entwicklungsländern moralische Vorhaltungen machen und sie gleichzeitig dazu überreden, ihre Grenzen für den Import westlicher industrieller Produkte und kurzfristigen Kapitals zu öffnen, während sie selber den Export von Zucker oder Reis, von agrarischen und sonstigen Produkten nach Kräften behindern und sogar unmöglich machen. Die USA, die Europäische Union und Japan sind auf diesem Gebiet die größten Egoisten. Sie predigen Freihandel, verstoßen aber selbst seit Jahrzehnten gegen ihre wohlklingende Predigt. Sie verstoßen zugleich gegen ihre eigenen langfristigen Interessen; denn bei anhaltender ökonomischer Perspektivlosigkeit wird es in vielen Entwicklungsländern zu vermehrtem Wanderungsdruck kommen, und dieser wird sich auf die USA und auf Europa richten.

Wenn man sich fragt, wer bei fortschreitender Globalisierung zu den Gewinnern, wer zu den Verlierern in der Welt von morgen zählen wird, so erkennt man im wesentlichen drei Gruppen.

Erstens werden wahrscheinlich die meisten der hochentwickelten Industriestaaten und der dort lebenden Menschen eine weitere Mehrung ihres Lebensstandards erreichen, sie werden zu den Gewinnern gehören. Die augenblicklich die meisten europäischen Industriestaaten belastende hohe Arbeitslosigkeit ist ebensowenig eine zwangsläufige Konsequenz der Globalisierung wie die Krise ihrer Altersversorgung. Vielmehr liegen die Ursachen im wesentlichen in den eigenen, selbstverantworteten ökonomischen und sozialen Strukturen und in den eigenen Politiken. Die Beispiele Schwedens, Hollands oder Dänemarks haben gezeigt, daß weit fortgeschrittene Industrie- und Wohlfahrtsstaaten diese Probleme meistern können. Früher oder später werden die meisten Industriestaaten diesen Beispielen folgen – allerdings erst nach Überwindung erheblicher innenpolitischer Widerstände und Krisen.

Zweitens werden diejenigen Entwicklungsländer zu den Gewinnern gehören, deren Regierungen einerseits ökonomisch aufgeklärt und einsichtig sind und andererseits – diese Wahrheit muß ausgesprochen werden – autoritative innenpolitische Macht ausüben können, um notwendige ökonomische Maßnahmen zu verwirklichen. Zu den herausragenden Beispielen gehören einige der ölreichen kleinen arabischen Emirate am Persischen Golf, vor allem aber das riesige Entwicklungsland China. In China wird der Prozeß angesichts des bisherigen Rückstandes zwar noch viele Jahrzehnte benötigen. Das Beispiel Japans nach der Öffnung während der Meiji-Ära Mitte des 19. Jahrhunderts und der Aufstieg Südkoreas, Taiwans, Singapurs oder Hongkongs seit den fünfziger Jahren des 20. Jahrhunderts zeigen jedoch, daß ein Entwicklungsland bei zielbewußter, ökonomisch zweckmäßiger, straffer politischer Führung binnen weniger Generationen zu den industrialisierten Ländern aufschließen kann.

Drittens werden jedoch viele der heutigen Entwicklungsländer auch weiterhin zurückbleiben, weil ihre Regierungen ökonomisch und gesellschaftspolitisch erfolglos agieren. Dies kann selbst dort eintreten, wo Demokratie und Menschenrechte bereits Fuß gefaßt haben; denn weder die Demokratie noch die freiheitlichen Grundrechte sind Garantien für Wohlstandsfortschritt. In Europa gibt es vielmehr manche historische Beispiele dafür, daß demokratische Verfassungen erst nach Erreichen eines gewissen allgemeinen Bildungsstandes und nach Überwindung unmittelbarer existentieller Not durchgesetzt und dauerhaft etabliert werden konnten. Ich halte für unwahrscheinlich, daß es in den nächsten Jahrzehnten generell zu einer Besserung der Lage in der Mehrzahl der Entwicklungsländer kommen wird.

Die Bevölkerungsexplosion und ihre Folgen

Zur Zeit des Kaisers Augustus, heute vor zweitausend Jahren, haben etwa zweihundert, allerhöchstens dreihundert Millionen Menschen auf der Erde gelebt. Eine genaue Zahl ist einstweilen noch nicht ermittelt worden, sie ist aber auch gar nicht wichtig. Wichtig ist: Die Menschheit hat neunzehn volle Jahrhunderte benötigt, um sich bis zum Jahre 1900 auf 1600 Millionen zu vermehren. Danach aber, vor allem seit dem Ende des Zweiten Weltkrieges, ist die Weltbevölkerung nahezu explodiert, sie hat sich im Laufe des 20. Jahrhunderts auf 6000 Millionen vervierfacht. Es erscheint als sicher, daß wir in der Mitte des 21. Jahrhunderts bei etwa 9000 Millionen stehen werden. Der Raum, der auf der Erdoberfläche pro Person durchschnittlich zur Verfügung steht, wird dann, verglichen mit dem Jahre 1900, auf weniger als ein Fünftel geschrumpft sein. Und dieser Raum ist sehr ungleich verteilt.

Auch das Bevölkerungswachstum ist von Kontinent zu Kontinent höchst unterschiedlich. Zu Beginn des 21. Jahrhunderts leben sechzig Prozent aller Menschen in Asien, 14 Prozent in Afrika, zwölf Prozent in Europa, neun Prozent in Lateinamerika und fünf Prozent in Nordamerika. Aber bis zum Jahre 2050 werden sich die Afrikaner verdoppeln, die Zahl der Asiaten wird auf das Anderthalbfache ansteigen; die in Latein- und in Nordamerika lebenden Menschen werden an Zahl ein wenig zunehmen. Einzig die Zahl der Europäer wird schrumpfen; ihr Anteil an der Menschheit wird auf rund sieben Prozent zurückgehen, während der Anteil der Afrikaner auf über zwanzig Prozent steigen wird. Die Zahl der Kinder pro gebärfähiger Frau hat in Europa einen historischen Tiefpunkt erreicht.

Fast überall auf der Welt lassen bessere medizinische Versorgung und hygienischer Fortschritt die Lebenserwartung steigen; infolgedessen steigt fast überall das durchschnittliche Alter der Gesellschaften, am stärksten in Europa und in Japan. In wenigen Jahrzehnten wird zum Beispiel die Hälfte der erwachsenen

Bevölkerung Deutschlands älter sein als 65 Jahre. Sofern diese heute sichtbaren globalen demographischen Trends sich nicht durch unvorhergesehene Ereignisse tiefgreifend verändern sollten, werden die Projektionen der Statistiker der UN mit hoher Wahrscheinlichkeit tatsächlich eintreten.

Die Bevölkerungsexplosion bringt zwangsläufig Verstädterung und Vermassung mit sich. Auf der ganzen Welt wachsen die Städte in den Entwicklungsländern weitaus am schnellsten. Mitte des 19. Jahrhunderts waren New York, London oder Paris die bevölkerungsreichsten Metropolen, zu Beginn des 21. Jahrhunderts sind sie überholt von Shanghai, Mexico City, Kairo, Lagos und vielen anderen Mega-Städten in den Entwicklungsländern. Hunderte Millionen Menschen leben heute in riesenhaften Städten in Asien, in Afrika und in Lateinamerika, ihre Massen nehmen jedes Jahr zu.

Mitte der dreißiger Jahre – ich ging noch zur Schule – war ich von zwei Büchern fasziniert: vom *Aufstand der Massen* des Spaniers Ortega y Gasset und von der *Psychologie der Massen* des Franzosen Gustave Le Bon. Ich empfand sie als eine vorweggenommene Analyse der durch Hitler und die Nazis ausgelösten Massenpsychose. Vor allem Le Bon hat sich als sehr weitsichtig erwiesen. Damals glaubten manche Deutsche, wir seien ein »Volk ohne Raum«; heute leben auf engerem Raum mehr Deutsche als damals, und wir leben besser als jemals zuvor.

Robinson Crusoe und sein Freitag, die zu zweit auf einer einsamen Insel lebten, kannten weder Seuchen noch Verkehrschaos, weder Massenpanik noch Luft- und Wasserverschmutzung. Für die heutigen Massen in den Mega-Städten gibt es all das sehr wohl. Neue Seuchen treten auf: Aids (HIV), Rinderwahnsinn (BSE) oder Vogelgrippe (SARS). Trotz der immensen medizinischen Fortschritte in den letzten Generationen müssen wir mit weiteren ansteckenden Krankheiten rechnen, die bisher unbekannt sind. Dazu kommt die Rückkehr alter Seuchen, wie der Tuberkulose oder der Maul- und Klauenseuche, die wir längst überwunden glaubten. Die Bevölkerungsdichte und die Enge des zur Verfügung stehenden Raumes, auch die unmittelbare Nähe zwischen Mensch und Tier werden weltweit noch bedrohlicher werden. Meine Großväter gingen beide noch zu Fuß zur Arbeit. Heute fährt man mit dem Bus oder mit der U-Bahn, Millionen mit dem eigenen Auto. Die Mobilität wird weiter zunehmen, auch über große Entfernungen, und damit werden auch die Risiken wachsen. Moderne Hygiene und medizinische Vorbeugung und Versorgung großer Massen werden alsbald als Menschheitsprobleme angesehen werden; der fehlende Zugang zu sauberem Wasser ist bereits heute in vielen Regionen der Welt das dringendste Problem.

Von überragender Bedeutung wird der teils regionale, teils transnationale Wanderungsdruck sein, mit dem wir rechnen müssen. Die transkontinentale Migration wird sich vornehmlich auf die wohlhabenden Kontinente Europa und Nordamerika richten. Sie stellt die Regierungen und Parlamente Europas und die europäischen Gesellschaften als Ganze schon heute vor sehr schwierige Fragen; noch in den fünfziger und sechziger Jahren des 20. Jahrhunderts hatte man sie nicht erkannt und nicht erwartet. Während die USA und Kanada seit Generationen mit transkontinentaler Zuwanderung Erfahrungen gesammelt und Verfahren, vor allem Quotierungen, entwickelt haben, stehen Frankreich, England, Deutschland, Italien, Holland, die skandinavischen Staaten, fast alle wohlhabenden Staaten Europas vor der dreifachen Frage: Wie viele Zuwanderer trauen sie sich zu? Welche Zuwanderer nach Nationalität, Sprache, Religion und Fähigkeiten wollen sie zulassen? Wie können sie unerwünschte Zuwanderung abwehren? Schon heute gibt es viele Wege der illegalen, unerwünschten Einwanderung. In den großen Städten Westeuropas erleben wir seit längerem eine Getto-Bildung unter den Zuwanderern, welche die Integration sehr schwierig werden läßt. Auf der anderen Seite erleben wir Ausbrüche von Ausländerhaß.

Alle diese Probleme sind in Europa weitgehend ungelöst, aber sie werden an Gewicht noch zunehmen. Aufgrund der durch die Überalterung der europäischen Gesellschaften eingetretenen Krise der herkömmlichen Alterssicherung rückt daher eine neue Frage immer stärker in den Mittelpunkt: Brauchen wir Einwanderer mit traditionell höheren Geburtenraten, um unsere sozialen Sicherungssysteme finanziell aufrechterhalten zu können – oder müssen wir statt dessen einen Umbau der Altersversorgung vornehmen und uns auf längere Lebensarbeitszeiten einrichten?

Wie auch die Antworten der Europäer ausfallen, wie auch immer sie sich in der Praxis bewähren werden, in jedem Fall werden sie auch außenpolitische, internationale Wirkungen auslösen. Der offene Streit über den Beitritt der muslimischen Türkei zur Europäischen Union gibt davon einen Vorgeschmack. Schon seit Jahrzehnten hegt man in Ankara die Vorstellung, angesichts der schnell wachsenden türkischen Bevölkerung einen Teil der nachwachsenden Generationen nach Westeuropa auswandern zu lassen; darin liegt eines der Motive für den türkischen Beitrittswunsch. Wenn der Beitritt einschließlich voller Freizügigkeit für Personen tatsächlich erfolgen sollte, würden bald auch andernorts, zum Beispiel in Nordafrika, Beitrittsgesuche folgen. Die Europäer werden bald eine grundsätzliche Entscheidung treffen müssen. Eine türkische Vollmitgliedschaft könnte im Laufe weniger Jahrzehnte zu einer bedeutsamen Veränderung der Kultur des alten Kontinents führen.

Die in Gang befindliche globale Erwärmung kann auf längere Sicht den Wanderungsdruck verstärken. Denn die dadurch ausgelösten klimatischen Veränderungen werden sich keinesfalls gleichmäßig über die Erdoberfläche verteilen. So könnte in Sibirien der Permafrost in nördlicher Richtung sich zurückziehen, so daß möglicherweise Räume bewohnbar würden, die bisher menschenleer waren. Umgekehrt könnte ein Prozeß der Abschmelzung des Grönland bedeckenden Eises negative Auswirkungen auf den Golfstrom haben, der bisher Westeuropa erwärmt und zum Beispiel Norwegen bewohnbar macht. Es ist offensichtlich, daß gegenwärtig die Alpengletscher sich merklich zurückziehen. Falls aber auf der ganzen Erde die Eismassen abschmelzen, wird die Oberfläche der Ozeane ansteigen; Siedlungsräume in Meereshöhe, beispielsweise in den Deltas der großen Flüsse Asiens, Afrikas und Südamerikas, können dann überflutet werden. Wir wissen einstweilen noch nicht viel über die Ursachen und die Mechanik, über das Tempo und vor allem über die klimatischen Wirkungen der globalen Erwärmung. Die Tatsache der Erwärmung allerdings steht fest.

Es steht auch fest, daß dabei die von der Menschheit ausgehenden Faktoren eine Rolle spielen. Auf vielerlei Weise, durch die Emission von Kohlendioxyd beim Verbrennen von Kohle, Öl und Erdgas sowie durch das Abholzen von Wäldern trägt der Mensch zur Erwärmung und zur klimatischen Veränderung bei. Wie groß und wie stark diese Faktoren tatsächlich sind, ist bislang nicht ausreichend erforscht. Immerhin wissen wir, daß es auch ohne jede menschliche Aktivität seit Jahrmillionen Eiszeiten und Warmzeiten gegeben hat, Zwischeneiszeiten und Zwischenwarmzeiten in mancherlei Abstufungen.

Der Fortschritt der interdisziplinären Forschung läßt erwarten, daß wir in wenigen Jahrzehnten erheblich mehr und Genaueres wissen werden als heute. Gleichwohl hat die Menschheit schon in den letzten Jahrzehnten des 20. Jahrhunderts zunehmend die Notwendigkeit erkannt, die negativen Einflüsse auf Klima und Umwelt zu beschränken. Zwei große internationale Konferenzen, 1992 in Rio de Janeiro und 1997 in Kyoto, haben davon Zeugnis abgelegt. Die meisten Regierungen haben die Notwendigkeit verstanden, der Verschmutzung der Atmosphäre, des Wassers und des Erdbodens entgegenzutreten.

Das anhaltende Bevölkerungswachstum und die weiterhin stetige Ausbreitung der Industrialisierung über die ganze Erde werden dieser Notwendigkeit schon bald eine höhere politische Priorität geben. Einzelne Regierungen können lokal oder regional wichtige Beiträge leisten, zum Beispiel zur Minderung des Smogs in ihren Großstädten oder zur Verhinderung der Verschmutzung von Wasser und Boden beitragen. Es bedarf jedoch einer weltweiten internationalen Zusammenarbeit bei der Einschränkung der von Menschen verursachten schädlichen Einflüsse, um die Beeinträchtigung des Klimas nachhaltig zu begrenzen. Den Entwicklungsländern fallen die dafür notwendigen ökonomischen Opfer und Regelungen viel schwerer als den Industriestaaten.

Um den schnell wachsenden negativen menschlichen Beitrag zur globalen Erwärmung wirksam abzusenken, erscheint eine schrittweise Umstellung von Kohlenwasserstoffen auf andere Energiequellen objektiv geboten. Sie wird eines fernen Tages zwangsläufig, weil die Reserven an Erdöl, Erdgas und Kohle begrenzt sind. Die schon seit drei Jahrzehnten ziemlich schnell steigenden Preise für Öl und Gas können die Umstellung zwar erleichtern; diese erfordert aber zunächst einen hohen Aufwand für Forschung und Entwicklung, außerdem sind auf längere Zeit Subventionen erforderlich.

Für die nächsten Jahrzehnte kommen Kernenergie, Solarenergie und Windenergie in Betracht; Energie aus Wasserkraft steht nur in seltenen geographischen Ausnahmefällen zur Verfügung. Die westeuropäischen Staaten haben sich bisher für verschiedene Energiepolitiken entschieden: England, Holland und Norwegen verlassen sich auf ihre eigenen Reserven an Kohlenwasserstoffen; Frankreich hat seine Elektrizitätsversorgung weitestgehend auf Kernenergie gestellt; Deutschland ist im Begriff, sowohl auf Kernenergie als auch auf seine eigene – sehr teure – Kohle zu verzichten, und verläßt sich zunehmend auf importierte Kohlenwasserstoffe. Ähnlich verhalten sich die anderen europäischen Staaten; Solarenergie und Windenergie spielen bisher überall eine geringe Rolle. Eine gemeinsame Energiepolitik der Europäischen Union gibt es einstweilen genausowenig wie eine globale Klima- und Energiepolitik. Es ist aber ziemlich sicher, daß im Laufe des Jahrhunderts eine Antwort auf diese Fragen gefunden werden muß.

Zusammenfassend bleibt festzuhalten: Vornehmlich wegen der explosionsartigen Vermehrung der Weltbevölkerung, dann auch wegen klimatischer Veränderungen werden in naher Zukunft die Wanderungsströme dynamisch zunehmen; sie werden sich auch transkontinental auf Europa richten. Zugleich wird aber – vor allem in Teilen Afrikas und Asiens – der Bevölkerungsüberdruck vermehrt zu geographisch begrenzten Konflikten, Bürgerkriegen und Kriegen führen.

Die Folgen der technologischen und
ökonomischen Globalisierung

Als ich zur Schule ging, in den zwanziger und den dreißiger Jahren des vorigen Jahrhunderts, bekam ich zwei- oder dreimal eine Postkarte geschickt. Nie habe ich ein Telegramm gesehen, nie einen Telefonanruf erhalten. Man hatte kein Telefon. Man hatte auch kein Radio. Fernsehen gab es überhaupt noch nicht. Ein Flugzeug am Himmel war eine seltene Sensation. Zwei- oder dreimal im Jahr erhielt meine Mutter einen

Brief von ihrer Schwester in Amerika. Der Brief war mindestens vierzehn Tage unterwegs gewesen, er war an die Eltern und zugleich an alle drei deutschen Geschwister gerichtet; nach seiner Ankunft in Deutschland war er von Hand zu Hand gegangen, ehe er schließlich meine Mutter erreichte.

Damals holte die bedeutende Hamburger Reederei Laeisz den Salpeter aus Chile mit großen Segelschiffen, eine Reise hin und zurück führte zweimal um Kap Hoorn, und sie dauerte viele Monate. Heute sind Segelschiffe und Dampfer längst durch riesenhafte Containerschiffe und Tanker ersetzt. Heute fliegen jeden Tag viele Flugzeuge zwischen Europa und Lateinamerika hin und her, die Reise von Frankfurt nach Santiago de Chile dauert gerade einmal 17 Stunden. Man kann, wegen einer einzigen wichtigen Sitzung, am Morgen nach New York fliegen und am nächsten Morgen früh bereits wieder in Deutschland sein. Allerdings muß der Manager nicht unbedingt fliegen, er kann auch eine Schaltkonferenz arrangieren; möglicherweise nehmen daran nicht nur Kollegen aus Frankfurt und New York oder Detroit teil, sondern auch solche aus Tokio oder Shanghai.

Der moderne Luftverkehr und die elektronischen Verbindungen haben die Entfernungen auf dem Globus gewaltig schrumpfen lassen. Selbstverständlich kann man im Hotel in Peking die Fernsehprogramme von ARD und ZDF oder auch CNN und BBC empfangen; es wird nicht mehr lange dauern, bis Hunderte Millionen in der ganzen Welt die Fernsehprogramme anderer, weit entfernter Länder sehen können. Jugendliche telefonieren per Handy mit ihren Freunden über den Atlantik oder Pazifik, und längst kann man den Inhalt ganzer Zeitungen und ganzer Bücher per E-Mail binnen Sekunden weltweit versenden. Hunderte Millionen Menschen in Amerika, in Europa und Asien haben heute Zugang zum Internet, und ihre Zahlen wachsen schnell. Sofern ihre eigene Bildung und Ausbildung ausreichen, haben sie auf diese Weise Zugriff auf fast die gesamte wissenschaftliche Literatur – einschließlich der militärischen Technologien mitsamt allen Statistiken.

Die Globalisierung der Telekommunikation ist nicht mehr aufzuhalten, sie ist erst recht nicht rückgängig zu machen. Die enormen Auswirkungen dieses Globalisierungsprozesses sind heute allerdings nur in Umrissen erkennbar. Auch die gefährlichen Kehrseiten des Prozesses sind einstweilen nur zu ahnen. Sie reichen vom böswilligen Eindringen in fremde Computersysteme und von der Verfälschung oder Löschung ihrer Inhalte bis zur internationalen Planung und Vorbereitung von Verbrechen, von der Anzettelung von Psychosen an den internationalen Finanzmärkten bis zur Verbreitung falscher politischer Nachrichten oder irreführender Propaganda und Ideologien.

Die Globalisierung der Fernsehprogramme erstreckt sich ja nicht nur auf Sport und Unterhaltung; sie schließt in hohem Maße Einseitigkeit bei der Auswahl der Bilder und Schlagzeilen ein. In den letzten Jahrzehnten erleben wir in Amerika und in Europa einen fortschreitenden transnationalen Prozeß der Konzentration sämtlicher Medien in den Händen einiger weniger privater Konzerne. Man darf die Situation ein internationales Oligopol nennen. Wir kennen seit Jahrzehnten die Massenwirkung der Boulevardzeitungen in Deutschland und England und wissen, daß damit durchaus politische Ziele verfolgt werden. Diese Blätter sind mächtige Faktoren der Massenbeeinflussung und damit der Politik geworden. Ähnliches steht uns möglicherweise auch im Fernsehen bevor. Solange ARD und ZDF sich freihalten können sowohl von staatlicher Gängelung als auch von ideologischer Weisung privater Konzernherren, muß hierzulande niemand übermäßig besorgt sein. In Italien ist jedoch bereits eine unheilvolle Konzentration an politischer Beeinflussung durch die elektronischen Medien eingetreten. Eine solche Konzentration kann die in der Verfassung verankerten Prinzipien der Gewaltenteilung und der Meinungsfreiheit de facto außer Kraft setzen.

In allernächster Zeit wird sich zeigen, ob vergleichbare Entwicklungen auch im Internet stattfinden. Bis jetzt entzieht sich dieses Medium jeder Aufsicht. Der Erfolg bei der Bekämpfung internationaler terroristischer Gruppen und Organisationen wird aber auch davon abhängen, daß ihre elektronischen Netzwerke ausgeschaltet werden können.

Die globale Verfügbarkeit des Wissens und besonders der Technologien wird dazu führen, daß in manchen Entwicklungsländern, vor allem in den sogenannten Schwellenländern, künftig vermehrt Güter industriell gefertigt werden, die dort bisher aus den fortgeschrittenen Industriestaaten importiert wurden. Man wird einen Teil dieser industriellen Produkte erfolgreich exportieren, weil die Löhne und deshalb auch die Preise deutlich niedriger sind als in den alten Industriestaaten. Diese billigere Konkurrenz bringt die Unternehmen, die Arbeitsplätze und den Lebensstandard in den Industriestaaten unter Kostendruck – zunächst im Bereich der einfachen Konsumgüter, aber zunehmend auch auf den Märkten der Investitionsgüter. Schon lange haben zum Beispiel südkoreanische Schiffbauer den deutschen, den amerikanischen und sogar den japanischen Schiffbau von den Weltmärkten verdrängt; ähnlich haben indische Software-Ingenieure einen hohen Anteil am Weltmarkt erobert.

Wenn die alten Industriestaaten ihre Beschäftigungszahlen und ihre hohen Lebens- und Sozialstandards aufrechterhalten wollen, müssen sie versuchen, durch Forschung, durch neue Entwicklungen und neue Produkte ihren technologischen Vorsprung zu erneuern und auszubauen. Im weltweiten technologischen Wettbewerb haben bisher die amerikanischen Unternehmen die Führung. Sie erfreuen sich einer vergleichsweise geringen staatlichen Bevormundung und können sich auf eine große Zahl hervorragender Universitäten und Forschungseinrichtungen stützen. Wenn die europäischen Industriestaaten mit den USA Schritt halten wollen, haben sie erheblich größere Forschungs- und Entwicklungsanstrengungen nötig als bisher. Es erscheint aber als zweifelhaft, daß sie die dafür nötige Energie und die nötigen Einschränkungen in anderen Bereichen ihrer Haushalte aufbringen werden.

Geld in Form von Münzen gab es in China schon zu Zeiten des Konfuzius, etwa um die gleiche Zeit im alten Griechenland und etwas später auch im Römischen Reich. Papiergeld gibt es in Europa seit dem Ende des 17. Jahrhunderts. Noch vor wenigen Generationen dagegen haben die Bauern rund um den holsteinischen Brahmsee den Zehnten an das weitab gelegene Kloster in Naturalien abgeführt. Meine Frau mußte als junge Lehrerin einmal im Monat zur Schulbehörde gehen, um ihr Gehalt in bar abzuholen – wo gibt es heute noch Lohntüten? Lohn und Gehalt werden elektronisch überwiesen, und auch wir selbst zahlen weitgehend elektronisch, mit Hilfe unserer Kreditkarten. Die Masse unseres Geldes findet sich nicht mehr im Portemonnaie oder in Panzerschränken, sie ist vielmehr in Computern und Rechenzentren gespeichert. Zwar hat es schon vor zweitausend Jahren Subsidien und später auch Kredite gegeben, die über große Entfernungen hinweg ausgezahlt wurden; aber heute werden jede Minute Millionen und Milliarden elektronisch über den ganzen Erdball bewegt. Es ist eigentlich ein kleines Wunder, daß die Zentralbanken immer noch wissen, wie groß die in ihrer Währung existierende Geldmenge insgesamt ist.

Allerdings würde sich kein Zentralbankchef der Welt ein Urteil darüber zutrauen, wie der Wechselkurs zwischen Dollar und Euro oder Yuan in fünf Jahren oder auch nur in fünf Monaten aussehen wird. Zwar hat es von Zeit zu Zeit immer mal wieder Münzverschlechterungen gegeben; aber bis 1914 konnte sich, wer Münzen oder Banknoten großer Staaten besaß, auf deren Gegenwert in Gold oder Silber verlassen, und deshalb blieben auch die Wechselkurse lange stabil. Am Ende des Zweiten Weltkrieges wurde in dem kleinen nordamerikanischen Ort Bretton Woods versucht, ein stabiles Wechselkurssystem herzustellen: Der Wert jeder Währung wurde in US-Dollars festgelegt, der Wert des Dollars selbst aber in Gold. Nach einem Vierteljahrhundert brach dieses System wegen der von den Kosten des Vietnam-Krieges ausgelösten Schwäche des Dollars schrittweise zusammen. Die USA druckten zu viele Dollarscheine, sie lösten die Dollars aber nicht mehr in Gold ein, und alsbald verfielen die Wechselkurse. Seit den frühen siebziger Jahren schwimmen *(floaten)* die Wechselkurse frei in der Weltgeschichte umher. So haben wir den Dollar-Wechselkurs ursprünglich bei vier D-Mark erlebt, später bei 1,40, dann wieder bei 3,30; im Sommer 2004 stand er bei 0,80 Euro, das entsprach 1,60 DM.

Wie vorauszusehen war, hat die Wechselkurs-Unordnung Zigtausende von Spekulanten hervorgebracht. Der eine spekuliert auf einen fallenden Dollar: Er verkauft heute, aber zu einem zukünftigen Zeitpunkt, eine große Summe in Dollar gegen Euro; er hat die Dollars zwar nicht, erwartet aber, sie sich später, zum vereinbarten Termin, billiger beschaffen zu können. Der andere spekuliert umgekehrt auf einen fallenden Euro. Die beiden können aber auch, statt sich rechtlich zur Lieferung oder zur Abnahme der jeweils anderen Währung zu verpflichten, lediglich eine Option vereinbaren; dann bleiben sie frei, vom Geschäft zurückzutreten, natürlich gegen Gebühr. Derartige Geschäfte in *finan-*

cial derivatives – die meisten sind unendlich viel komplizierter – werden heute weltumspannend binnen Sekunden per Telefon abgeschlossen; in ihrer Summe machen sie pro Tag wahrscheinlich das Fünfzig- oder Hundertfache des Welthandels in Gütern aus.

Die Spekulationslust hat gegen Ende des vorigen Jahrhunderts fast alle großen Banken in fast allen Finanzmetropolen der ganzen Welt erfaßt. Während der Massenpsychose der *new economy* in den neunziger Jahren wurden in großem Umfang zu Phantasiepreisen Aktien von Unternehmen gehandelt, die gerade erst gegründet worden waren und noch kein einziges Produkt vorzuweisen hatten. Als die Blase zusammenfiel, haben Millionen Gutgläubiger auf der Welt viele Milliarden verloren; der Fall des Long Term Capital Management Fund hat gezeigt, daß selbst Nobelpreisträger unter den Ökonomen vor Spekulationspleiten nicht bewahrt blieben. Die von amerikanischen Finanzhäusern ausgegangene Manie der Fusionen und Übernahmen (*mergers and acquisitions*) gehört in eine ähnliche Kategorie. Banken aller Art, Investmentfonds, Versicherungen und Wirtschaftsprüfungsgesellschaften haben sich beteiligt, meist mit anderer Leute Geld; viele agieren gerade noch im Rahmen der geltenden Gesetze, manche agieren jenseits von Anstand und Moral, nicht wenige in ungesetzlicher Weise.

Die Entartungen auf den Finanzmärkten – ich nenne sie Raubtierkapitalismus – wären wahrscheinlich beherrschbar, wenn sie sich nur im Rahmen einer nationalen Volkswirtschaft abspielten. Das aber ist längst nicht mehr der Fall. Tatsächlich reagieren die Aktienbörsen in jedem der großen Zentren der Welt stündlich auf Kursbewegungen in einem der anderen Zentren. Wenn etwa in Japan oder in Südkorea Banken staatlich gestützt werden müssen, dann gibt es Kursreaktionen beispielsweise an der Wall Street; wenn etwa Rußland oder Argentinien ihre fälligen Zinszahlungen in ausländischer Währung nicht leisten können, dann reagieren fast alle Finanzzentren der Welt. Denn fast überall ist ausländisches Kapital involviert.

Wenn ein Ausländer einen Teil seines Kapitals in den Aufbau einer neuen Produktion zum Beispiel in Indonesien investiert, so ist das in der Regel für ihn profitabel und zugleich für die indonesische Volkswirtschaft vorteilhaft. Wenn aber ein Ausländer sein Kapital in indonesischen Aktien anlegt, so geht er ein höheres Risiko ein. Noch höher ist das Risiko jedoch für die indonesische Volkswirtschaft; denn wenn er plötzlich seine Aktien verkauft, angesteckt etwa von einer sich schnell ausbreitenden Welle negativer Prognosen, dann kann es in Jakarta einen Erdrutsch geben. Ähnliches gilt für jederzeit rückrufbare ausländische Kapitalanlagen in Wertpapieren aller Art und für kurzfristige ausländische Kredite. Weil Entwicklungsländer in Ost- und Südostasien und in Lateinamerika einerseits relativ viel kurzfristiges ausländisches Kapital importiert und andererseits sich als Staaten auch noch im Ausland verschuldet haben, ist es dort wiederholt zu Finanzkrisen gekommen. Es war ein mit hohen Risiken verbundener Fehler der Industriestaaten, vornehmlich der USA, und des Internationalen Währungsfonds (IMF), Entwicklungsländer zu drängen, sich für kurzfristigen Kapitalverkehr zu öffnen.

Die Rettungsoperationen des IMF haben in vielen

Fällen dazu beigetragen, die Krisen zu überwinden. Meist sind aber nicht die betroffenen Firmen und Banken in den Schuldnerstaaten, sondern vielmehr die westlichen Finanzinstitute gerettet worden; denn sie haben meist ihre rückständigen Zinsen und Dividenden erhalten und ihre Kapitalien zurückbekommen. Auch der sogenannte Pariser Klub, in dem die westlichen Industriestaaten als Gläubiger vertreten sind, hat erheblich zum Krisenmanagement beigetragen, indem er auf die Rückzahlung der von Staat zu Staat gegebenen Kredite ganz verzichtet oder sie zeitlich gestreckt hat. Private Kapitalgeber sind in diesen Fällen kaum betroffen; und die westlichen Steuerzahler haben kaum etwas von ihrem Verlust bemerkt, denn die Staaten veröffentlichen keine Vermögensbilanzen. Wohl aber kosten die Rettungsbeiträge des sogenannten Londoner Klubs, der die privaten Gläubigerinstitute vereint, deren privates Kapital.

Die gleichzeitig mit dem IMF in Bretton Woods ins Leben gerufene Weltbank finanziert sich hauptsächlich durch Anleihen, die sie auf den internationalen Finanzmärkten verkauft; sie hat ihre Aufgabe der kreditweisen Entwicklungshilfe bisher ohne größere Krisen erfüllt. Der IMF dagegen hat mit dem Ende des internationalen Systems fester Wechselkurse seine ursprüngliche Hauptaufgabe verloren; sie ist ganz allgemein durch das Krisenmanagement im Falle internationaler finanzieller Kalamitäten ersetzt worden. Es ist denkbar, dem IMF die Aufgabe zu übertragen, ein weltweites Konzept für faire Ordnung und Stabilität an den Finanzmärkten vorzulegen; er könnte darüber hinaus auch mit der Überwachung beauftragt werden. Denn straffere, international abgestimmte Standards zur Regulierung und zur Aufsicht über Banken, Investmentfonds, Versicherungen usw. sind fast überall zu wünschen. Wenig sinnvoll wäre dagegen, den IMF zu einem stets zur finanziellen Hilfe bereiten *lender of last resort* für die ganze Welt zu machen; das würde die Risikobereitschaft mancher Regierungen und mancher Banken eher noch verstärken. Die wichtigsten Aufgaben des IMF sollten in der kritischen Beobachtung der Finanzmärkte, in der Herstellung von Transparenz und in der Beratung der Staaten auf dem Gebiet der Finanz-, Wirtschafts- und Sozialpolitik gesehen werden. Allzuviel Optimismus in dieser Richtung wäre freilich unangebracht; denn der IMF residiert in Washington, und Washingtons Interessen haben den größten Einfluß im IMF.

Auch wenn man nicht sicher sein kann, so machen es doch die Erfahrungen der letzten drei Jahrzehnte wahrscheinlich, daß es dank der Zusammenarbeit der großen Staaten und dem IMF auch in den nächsten Jahren gelingen wird, eine weltweite Finanz- und Wirtschaftskrise zu verhindern. Es mag zwar noch einige Jahrzehnte dauern, bis sich aus dem zu erwartenden Zusammenspiel der drei Zentralbanken in Washington, Frankfurt und Peking ein einigermaßen stabiles Dreieck der wichtigsten Währungen ergeben wird. Mit einiger Gewißheit aber wird man sich darauf einstellen können, daß die vor wenigen Jahren geschaffene Euro-Währung und die Europäische Zentralbank sich stabilisierend auf die Wechselkurse auswirken werden.

Der internationale Waffenhandel macht – nach fach-
männischen Schätzungen – gegenwärtig pro Jahr etwa
25 bis über 30 Mrd. US-Dollar aus; die wichtigsten Lie-
feranten sind Rußland mit einem Anteil von ca. 35 Prozent und die USA mit ca. 25 Prozent, es folgen Frankreich, England und Deutschland. Während Ex- und Import von nuklearen Waffen und waffenfähigem Uran
einem scharfen Verbot durch den Nichtverbreitungsvertrag (Non-Proliferation Treaty, NPT) unterliegen
und durch die Internationale Atom-Energie-Behörde
(IAEA) überwacht werden, ist der Handel mit schweren,
leichten und kleinen Waffen und mit Sprengstoff völkerrechtlich de facto frei. Er bringt der Wirtschaft in
den Exportländern Umsatz, Gewinn und Arbeitsplätze,
Vorteile, die im Verhältnis zur Gesamtausfuhr dieser
Länder allerdings gering ausfallen; hinzu kommen jedoch die nicht zu beziffernden Effekte der politischen
Einflußnahme. Auf der anderen Seite der Bilanz steht
die Zahl von mindestens einer halben Million Menschen, die nach einer Studie des Roten Kreuzes von
1999 alljährlich allein durch Kleinwaffen zu Tode kommen. Diese Zahl kennzeichnet einen globalen Not-
stand, der dringend der Abhilfe durch ein weltweites
vertragliches System der Begrenzung bedarf.

In dem Jahrzehnt nach Auflösung der Sowjetunion
war zunächst ein weltweiter Rückgang der Militärausgaben zu verzeichnen, am stärksten wohl in Rußland
(und anderen Nachfolgestaaten der Sowjetunion) und
in Europa. Diese erfreuliche Entwicklung hat sich dann
jedoch umgekehrt, und im Jahre 2002 erreichten die

globalen Militärausgaben wieder das Niveau des Jahres 1992. Auch die Zahl der bewaffneten Konflikte, der Toten und Verletzten hat nicht abgenommen. Großwaffensysteme wie Flugzeuge, Panzer, Raketen oder Artillerie spielen in diesen Konflikten, verglichen mit den Wirkungen der Kleinwaffen, nur eine untergeordnete Rolle. Drei Viertel aller zivilen Opfer sind durch Handfeuerwaffen, Maschinenpistolen, Gewehre und Handgranaten getötet oder verletzt worden.

Es gibt weltweit sechshundert Hersteller von Kleinwaffen und leichten Waffen; nach den Schätzungen der UN sind gegenwärtig 550 Millionen Kleinwaffen im Umlauf. Zum großen Teil stammen sie aus Überschußbeständen der offiziellen Streitkräfte oder aus offizieller Militärhilfe, Millionen Kleinwaffen werden weltweit über den illegalen Handel verschoben. Es ist diese enorme Menge, welche die Kleinwaffen zum eigentlichen Massenvernichtungsmittel unserer Zeit gemacht hat. Auch für das El-Qaida-Attentat in den USA, das nahezu dreitausend Tote kostete, wurden nur Kleinwaffen benötigt. Kleinwaffen und Sprengstoffe sind die Grundausstattung nichtstaatlicher Aufstands- und Terrororganisationen.

Das Londoner Internationale Institut für Strategische Studien (IISS) hat jüngst die aktiven terroristischen Organisationen untersucht. Allein in Europa wurden zehn derartige Organisationen registriert, von Nordirland und dem Baskenland bis nach Serbien; in Rußland vier Organisationen, vor allem in Tschetschenien und angrenzenden Gebieten. Im Mittleren Osten und in Nordafrika zählte man über zwanzig Organisationen, von fast der Hälfte weiß man, daß sie Selbstmordattentate verüben; in anderen Teilen Asiens und südlich der Sahara ist die Zahl bewaffneter nichtstaatlicher Organisationen nahezu unüberschaubar. Wer bei der Abwehr terroristischer Angriffe glaubt, alle diese bewaffneten Organisationen über einen Kamm scheren und sie alle mit militärischen Mitteln niederkämpfen zu können, läßt sich die Chance entgehen, im einzelnen Fall durch pragmatisches Handeln die Ursachen eines Konfliktes zu beseitigen, die Spannungen durch Kompromisse zu mildern und beiden Seiten zu helfen.

Unter den terroristischen Organisationen des Mittleren Ostens und Asiens erscheint El Qaida als die bedeutendste; IISS spricht von einer Präsenz in sechzig Staaten und von mindestens 20 000 Kämpfern, die in eigenen Lagern in Afghanistan ausgebildet wurden. Nach dem Verlust ihrer afghanischen Basis und nach Bildung der antiterroristischen Koalition durch die USA mußte El Qaida überall untertauchen. Dann aber weckte der Irak-Krieg so große islamische Emotionen, daß El Qaida heute offenbar in vielen muslimischen Staaten Helfer und Kämpfer findet. Falls es nicht zu einer wesentlichen Beruhigung des israelisch-palästinensischen Konfliktes kommt, muß man mit der Möglichkeit einer direkten gewaltsamen Einmischung durch El Qaida rechnen. Eine Entschärfung oder gar eine Lösung dieses Konfliktes ist heute allerdings weniger wahrscheinlich als noch vor zehn Jahren. Die Welt wird noch geraume Zeit die verschiedenen Formen von bewaffnetem islamistischem Terrorismus ertragen müssen.

Ebenso wird die Welt weiterhin und wohl auf unabsehbare Zeit die Entwicklung neuer Waffen (beispielsweise von sehr kleinen nuklearen Waffen und von Raketenabwehr-Systemen in den USA) und die Existenz großer Waffenbestände ertragen müssen. Zwar haben mehrere internationale Verträge zu einer Verringerung der verfügbaren nuklearen Waffen geführt; aber noch immer liegen insgesamt über 16000 operativ einsetzbare Atomsprengköpfe bereit. Rußland verfügt über mehr als 5000, die USA über etwa 6000 nuklear bestückte Raketen mit strategischer Reichweite; Frankreich, England und China besitzen jeweils einige hundert (in diesen Zahlen sind die nicht mehr einsetzbaren Nuklearwaffen nicht enthalten). Dazu kommen insgesamt über 4000 nukleare Waffen mit taktischen Reichweiten; über nukleare Waffen dieser Art verfügen auch Israel, Indien und Pakistan.

Seit Hiroshima und Nagasaki hat kein Staat von einer nuklearen Waffe Gebrauch gemacht. Damals verfügten allein die USA über nukleare Waffen (nicht über Raketen), heute gibt es acht nuklear bewaffnete Staaten. Die Fähigkeit zur Herstellung nuklearer Waffen breitet sich als zwangsläufige Folge der technologischen Globalisierung weiter aus. In mindestens sechzig Staaten verfügt man heute über ausreichende theoretische Kenntnisse, dazu kommen die Gefahren des Diebstahls und des schwarzen Marktes. Der Nichtverbreitungsvertrag ist lückenhaft, zumal die USA und Rußland, welche ihn seit den sechziger Jahren energisch betrieben, sich selbst nicht an alle seine Bestimmungen gehalten haben; durch die Herstellung neuer Nuklearwaffen unterminieren sie den Vertrag. Im übrigen kann ein Staat seine Beteiligung am NPT auch kündigen, wie durch Nordkorea geschehen. Man kann nicht ausschließen, daß sich die Zahl der nuklear bewaffneten Staaten weiter erhöht. Die größere Gefahr liegt wahrscheinlich aber in der Möglichkeit, daß nukleare (oder chemische oder biologische) Massenvernichtungswaffen in die Hände von Terroristen geraten.

Gleichwohl erscheint mir die praktisch ungehemmte Ausbreitung konventioneller Kleinwaffen (vor allem von Maschinenpistolen) als ein noch größeres Risiko des 21. Jahrhunderts. Allein in Afrika sind im letzten Jahrzehnt weit über eine Million Menschen durch Kleinwaffen ums Leben gebracht worden. Ein internationaler Vertrag über das Verbot von Landminen ist bisher nicht zustande gekommen; ein weltweiter Vertrag über das Verbot jeglicher Form von Kleinwaffenexport wäre gleichfalls schwierig. Noch nie in der Geschichte hat es so viele tödliche Waffen in der Hand so vieler Menschen gegeben. Vertraglich vereinbarte Rüstungskontrolle bleibt deshalb eine dringliche Aufgabe der größeren Mächte, ihrer Regierungen und Diplomaten. Ebenso dringlich ist eine völkerrechtliche Behinderung des Exports von Waffen und Kriegsgerät. Vielleicht kann es zur Lehre dienen, daß die an Afghanistan (zur Abwehr der sowjetischen Invasion) und an den Irak (für den Krieg gegen den Iran) gelieferten amerikanischen Kriegswaffen schließlich gegen amerikanische Truppen eingesetzt worden sind.

II

IMPERIUM AMERICANUM?

Das Kolossalverbrechen der Anschläge vom 11. September 2001 hat in den USA – und weit darüber hinaus – politische Entscheidungen herbeigeführt, deren Auswirkungen die Welt noch lange beschäftigen werden. Die amerikanische Nation war durchaus an Kriege gewohnt, vor allem an Siege, wie in den beiden Weltkriegen, aber auch an Niederlagen wie in Korea und Vietnam. Einen erfolgreichen feindlichen Angriff auf die beiden wichtigsten Städte des Landes, mit dreitausend Toten auf eigenem Boden, einen derart zerstörerischen Blitzschlag aus heiterem Himmel hatte sie allerdings noch nie erlebt. Ein tiefer Schock war die unmittelbare Folge. Es hat jedoch nur weniger Tage bedurft, bis die Regierung mit großer Energie die Lähmung überwand, welche fast das ganze Land ergriffen hatte. Die Regierung proklamierte den »Krieg gegen den Terrorismus« und übernahm damit die Führung der öffentlichen Meinung. Heute, drei Jahre später, sind die Konsequenzen dieses Entschlusses noch immer nicht in vollem Umfang erkennbar.

Einige der Wirkungen im Inneren wie nach außen zeichneten sich freilich ziemlich bald ab. Dazu gehörte die auch vom Kongreß getragene Überzeugung, daß für den »Krieg gegen den Terrorismus« eine zusätzliche Aufrüstung erforderlich sei, denn dieser Krieg sei mit militärischen Mitteln zu führen – und auch zu gewinnen. Dazu gehörte zum anderen der Wille, sich in diesem Krieg nicht von anderen Staaten abhängig zu machen. Als die Nordatlantische Allianz und die NATO Beistand leisten wollten und – zum ersten Mal in ihrer mehr als fünfzigjährigen Geschichte – zu diesem Zweck den Bündnisfall ausriefen, machte Washington klar: Wir brauchen die NATO nicht. Später, als die Bush-Administration den Krieg gegen den Irak vorbereitete, wurde deutlich: Wir brauchen auch die UN und den Sicherheitsrat nicht. Wir suchen uns Koalitionen von Fall zu Fall, und wer in diesem »Krieg gegen den Terrorismus« nicht für uns ist, der ist gegen uns. Man hat den Regierungen anderer Staaten – und der öffentlichen Meinung – den unzweideutigen Willen zum Alleingang bekundet: Dazu sind wir entschlossen, und dazu sind wir auch stark genug.

Ich habe in jenen Monaten in Berlin, in Paris, in Moskau und Peking in öffentlichen Reden und im Gespräch mit Politikern um Verständnis für die amerikanische Neurose geworben: Man möge sich doch nur vorstellen, die Anschläge von El Qaida hätten nicht dem Pentagon und dem World Trade Center gegolten, sondern dem Frankfurter Bankenviertel, dem Eiffelturm, dem Kreml oder dem Kaiserpalast in Peking – wäre bei uns, in Frankreich oder Rußland oder China nicht auch eine Hysterie ausgebrochen? Hätten unsere Regierungen nicht auch alle verfügbaren Kräfte zum Widerstand aufgerufen?

Tatsächlich hat das El-Qaida-Attentat zunächst bei

vielen Völkern eine Welle der Sympathie, des Mitleidens und der Solidarität mit Amerika entfacht, ganz besonders bei den Völkern Europas. Die amerikanische Regierung hat das kaum zur Kenntnis genommen, jedenfalls hat sie die europäische Solidaritätsbereitschaft nicht genutzt. Sie hat leider im Gegenteil – durch eine Fülle von Drohungen mit Krieg, durch Kriegsvorbereitungen im Alleingang, auch durch vielfältige Überheblichkeit – im Laufe des Jahres 2002 eine sehr weitgehende Umkehr der öffentlichen Meinung bei den europäischen Völkern herbeigeführt. An die Stelle der Solidarität mit Amerika traten Kritik und Abneigung gegenüber der Politik der USA – auch in den Ländern, deren Regierungen sich schließlich für den zweiten Irak-Krieg ausgesprochen haben, so in England, Italien, Polen und Spanien.

Schon lange hat es in Europa nicht so viel Antiamerikanismus gegeben wie in den Jahren seit 2002. Leider verstehen viele Amerikaner bislang nicht, daß ihre eigene Regierung es war, die diesen Meinungsumschwung in Europa herbeigeführt hat. Der Antiamerikanismus ist noch verstärkt worden durch das vielfältige *Pronunciamiento* eines amerikanischen religiösen und quasi-religiösen Fundamentalismus (der im übrigen sogar die Forschungsfreiheit der Naturwissenschaften und der Medizin in den USA gefährden könnte) und dann besonders durch die im Irak angewendeten völkerrechtswidrigen Verhörmethoden und durch die gleicherweise völkerrechtswidrige Isolierung von Gefangenen in der auf Kuba gelegenen amerikanischen Militärbasis Guantanamo. Es hat den Anschein, als ob die Bush-Administration der Überzeugung sei, allgemein nicht durch das Völkerrecht gebunden zu sein und außerhalb der Staatsgrenzen der USA auch nicht der amerikanischen Verfassung zu unterliegen. Man darf jedoch eine gewisse Hoffnung auf die wieder erwachende Kritik der freien amerikanischen Presse setzen und schließlich in die Unabhängigkeit des Supreme Court.

Es wird oft übersehen, daß der amerikanische Unilateralismus, der nach dem 11. September 2001 offen zutage trat, eine lange Vorgeschichte hat und schon seit vielen Jahren im Vormarsch war. Zur Zeit des Kalten Krieges war es für den Westen ganz natürlich gewesen, daß die USA die führende Rolle einnahmen; sie ergab sich aus dem Kräfteverhältnis, das sich am Ende des Zweiten Weltkrieges unter den Staaten des Westens herausgebildet hatte. Die außerordentliche politische, militärische und finanzielle Hilfe und Führung, die in den ersten beiden Nachkriegsjahrzehnten von Amerika ausgingen, ließen die Vormachtstellung der USA bis in die Mitte der sechziger Jahre als durchaus angemessen erscheinen – Präsident de Gaulle bildete die einzige wichtige Ausnahme. Die besiegten Länder Japan und Westdeutschland waren dankbar, durch die USA in das westliche Allianzsystem einbezogen und geschützt zu sein.

Von Truman über Eisenhower bis zu Kennedy machten die Regierungen der USA keinerlei übertriebenen Gebrauch von ihrer Führungsposition. Kennedy sprach sogar von den beiden Pfeilern, auf denen die Atlantische Allianz ruhe, und sprach damit dem europäischen Pfeiler den gleichen Rang zu wie dem amerikanischen. Heute, vier Jahrzehnte später, würde kaum ein amerikanischer Politiker ein solches Bild gebrauchen, denn seit dem Ende der Sowjetunion haben sich die weltpolitischen Gewichte erheblich zugunsten der USA verschoben. Schon zu Zeiten Clintons machten manche amerikanische Politiker kein Geheimnis aus ihrem Supermacht-Bewußtsein.

In der Zwischenzeit, zumal während der Regierungen Ford, Carter, Reagan und Bush sen., hielt sich Amerika zunächst generell an die Verträge und Regeln, die es selbst ins Leben gerufen und ratifiziert hatte, vor allem an die Charta der Vereinten Nationen; gelegentliche Ausnahmen fielen nicht sonderlich ins Gewicht. Zur Zeit der Regierung Bush sen. ist die Sowjetunion zusammengebrochen. Kurz zuvor hatte Bush mit Gorbatschow noch die Vereinigung der beiden deutschen Nachkriegsstaaten zustande gebracht – in großzügiger Umkehrung der Prozedur von Versailles 1919. Diesmal handelten nicht die Sieger unter sich den Friedensvertrag aus und zwangen danach die Deutschen zur Unterschrift; diesmal handelten die beiden deutschen Nachkriegsstaaten den Vertrag aus, den danach die vier Siegerstaaten USA, Sowjetunion, Frankreich und England akzeptierten (Zwei-plus-Vier-Vertrag). Diese Glanzleistung aller Beteiligten kann nachträglich als Abschluß der langen Epoche amerikanischer Multilateralität angesehen werden.

Zwar gab es noch 1999 eine pompöse, unter allen Partnern ausgehandelte Ausrufung der »Neuen NATO«. Aber dem militärischen Bündnis war der Feind abhanden gekommen, gegen den es ein halbes Jahrhundert zuvor begründet worden war. 1999 zeichnete sich deutlich ab, daß man in Amerika die Fortsetzung des Bündnisses und vor allem die weitgespannte NATO-Maschinerie als ideales Instrument zur Lenkung Europas ansah. Schon vorher hatte Washington zur »humanitären Intervention« auf dem Balkan gedrängt; dabei kam es auch zur amerikanischen Bombardierung der Stadt Belgrad und der Donau-Brücken – beides eindeutig Verstöße gegen die Charta der UN. Ein Beschluß des Sicherheitsrates der UN, der solche Angriffe gebilligt hätte, war gar nicht erst erbeten worden, er wäre auch nicht zustande gekommen. Verstöße ähnlicher Art hatte es bereits in den Jahren zuvor gegeben. Unter Reagan war die kleine Insel Grenada in der Karibik bombardiert worden, unter Clinton der Sudan; weil sie in der Medienöffentlichkeit der Welt aber nicht allzuviel Aufsehen erregten, wurden diese Verletzungen der UN-Charta von den Verbündeten der USA ohne viel Widerspruch hingenommen.

Seit dem Antritt der Clinton-Regierung und besonders mit der Regierung von Bush jr. wurde die Liste der Alleingänge der USA immer länger. Auf ihr stehen die jahrelange Weigerung des Senats, den amerikanischen Zahlungsverpflichtungen gegenüber den UN nachzukommen; des weiteren die amerikanische Nichteinhaltung der Ratio des atomaren Nichtverbreitungsvertrages; die Nicht-Ratifikation des Atomteststoppvertrages (Comprehensive Test Ban Treaty, CTB); die Kündigung des 1972 mit der Sowjetunion unterzeichneten ABM-Vertrages (Anti-Ballistic Missile Treaty) und das amerikanische Projekt eines nationalen Systems zur Verteidigung gegen Raketen; die Weigerung (gemeinsam mit der Türkei), dem Vertrag über das Verbot von Landminen beizutreten; die Ablehnung der Ratifikation des Kyoto-Protokolls zur Verminderung des Ausstoßes von

Kohlendioxyd; der Abbruch der Verhandlungen über eine Verstärkung des Biowaffen-Protokolls; die Nicht-Ratifikation des Rom-Statuts über den Internationalen Strafgerichtshof; die Einführung von Stahl-Schutz-zöllen, die gegen die Welthandelsorganisation WTO verstoßen; der Verstoß gegen die Genfer Konvention durch die Verbringung und Isolierung von Kriegsgefangenen (und anderen Inhaftierten) nach Guantanamo.

Gewiß haben auch andere Staaten gegen die Satzung der UN und gegen geschlossene Verträge verstoßen; auch andere haben die Ratifizierung ausgehandelter Verträge verweigert oder Verträge gekündigt – was beides zulässig ist. Aber eine derart lange Liste von national-egoistischem Verhalten ist in der modernen Welt ziemlich ungewöhnlich. Sie macht deutlich: Es sind nicht nur die Präsidenten Clinton und Bush jr., sondern es sind auch viele Abgeordnete und Senatoren im Kongreß, deren Selbstgefühl ihnen die Überzeugung eingibt, ihr Land stehe über allen anderen Staaten der Welt, und deshalb habe man es nicht nötig, sich einbinden zu lassen.

Die Gründe, die zu solcher Selbsteinschätzung führen, sind deutlich. Ein Mitglied des Kongresses, das die Welt außerhalb der USA kaum kennt, erliegt der Versuchung wahrscheinlich leichter als ein weitgereister, welterfahrener Politiker. Das gilt auch für Präsidentschaftskandidaten und für Präsidenten. Nur selten haben sie sich vor ihrer Wahl mit auswärtigen Angelegenheiten befaßt. Sofern sie bis gestern als Gouverneur eines der fünfzig Staaten der USA gearbeitet haben, waren Innenpolitik und Verwaltung ihre Aufgaben; Wahlkampf und Wahlkampffinanzierung waren bis gestern ihre persönlich wichtigsten politischen Erfahrungen. Erst wenn sie ins Weiße Haus gewählt werden, beginnt in aller Regel eine ernsthafte Befassung mit den Fragen der Außenpolitik und der Strategie. Dabei können ihnen ein guter politischer Instinkt und ein gesunder Verstand durchaus hilfreich sein. Aber sie sind auf Beratung durch außenpolitisch oder strategisch erfahrene Leute angewiesen, außerdem auf ihre Minister, ihre offiziellen und privaten Ratgeber, ihre Stäbe – und ihre Redenschreiber. Es sind diese Helfer, die ihnen empfehlen, eine »Friedensdividende«, eine »Neue Weltordnung« oder auch eine »Achse des Bösen« zu verkünden.

Es gibt in Amerika, zumal in Washington, viele außenpolitisch sachkundige Personen in den sogenannten *think-tanks*, auch an manchen Universitäten, in international tätigen Banken, Unternehmungen und Anwaltskanzleien *(law firms)*. Zum Teil waren sie in früheren Phasen ihres Lebens schon einmal Botschafter in einer anderen Hauptstadt oder stellvertretende Abteilungsleiter im *State Department* (Auswärtiges Amt) oder in der *Treasury* (Finanzministerium). Amerika verfügt über einen großen Fundus von fachlich qualifizierten Personen, die bereit und zum Teil begierig sind, eine Reihe von Jahren in einem öffentlichen Amt zu dienen. Die meisten finden es nicht lukrativ genug oder zu mühselig, sich in einer Wahl um einen Sitz im Parlament zu bewerben, oder sie halten sich für nicht geeignet. Wohl aber bringen manche eine profunde Kenntnis der Geschichte und der auswärtigen Beziehungen der USA mit, um die viele Abgeordnete und Senatoren, aber auch viele Europäer, sie beneiden könnten.

Über Europa wissen die meisten amerikanischen

Politiker allerdings weniger gut Bescheid als umgekehrt die Europäer über die USA. Das ist nicht verwunderlich, denn im Vergleich mit Nordamerika ist der alte Kontinent ungeheuer vielgestaltig. Den drei großen nordamerikanischen Staaten stehen mehr als drei Dutzend mittlere, kleine und kleinste europäische Staaten gegenüber. Fast alle habe ihre eigene Sprache, ihre eigene kulturelle Identität, ihre eigene nationale Geschichte und Staatlichkeit. Schon für die Europäer selbst ist es oft schwierig, sich in ihrem Kontinent auszukennen; was weiß ein Portugiese von Finnland, was weiß ein Ungar über Irland? Noch viel schwieriger ist es für einen Amerikaner. Deshalb ist es nicht erstaunlich, daß amerikanische Politiker irritiert die Frage stellen, weshalb die Europäer es so schwierig finden, sich zu einigen, und daß sie uns für Schwächlinge halten, weil wir die Einigung bisher nicht zustande bringen.

Ob die Politiker in den europäischen Parlamenten mit ihrem Wissen und ihrer Urteilskraft insgesamt besser ausgestattet sind als ihre amerikanischen Kollegen, muß allerdings bezweifelt werden. Über das heutige Japan wissen die Amerikaner wahrscheinlich etwas besser Bescheid als die Europäer, über die japanische Geschichte weiß auf beiden Seiten kaum einer etwas. Ein Gleiches gilt für China; man weiß zwar etwas von Mao Zedong, aber Sun Yat-Sen, der erste chinesische Führer in die Modernität, ist nur den Fachleuten geläufig, und von dem bis heute kräftig nachwirkenden Philosophen und Lehrer Konfuzius kennt man nur den Namen. Man weiß auf beiden Seiten des Atlantik nichts von der Geschichte Koreas, nichts von den Philippinen oder von

Indonesien, wenig über Indien. Die Geschichte der Völker des Mittleren Ostens kennt man immerhin in Bruchstücken. Die über weit mehr als ein Jahrtausend sich erstreckende Entfaltung des Islam ist den Politikern in Amerika wie in Europa allerdings nur schemenhaft bewußt; über den zeitgenössischen islamistischen Terrorismus wissen sie hundertmal mehr als über die islamische Weltreligion. Von den Entwicklungen der afrikanischen Völker und Staaten wissen die meisten amerikanischen Politiker in der Regel weniger als ihre europäischen Kollegen, vornehmlich diejenigen in Frankreich und England. Dafür haben manche der amerikanischen Politiker ein vollständigeres Bild von Lateinamerika als die Mehrheit ihrer europäischen Kollegen, Politiker in Spanien und Portugal ausgenommen.

Die Wurzeln des amerikanischen Imperialismus

Als 1648 der Westfälische Friede geschlossen und damit der Grund gelegt wurde für die Rechtsverhältnisse zwischen den Staaten, spielte Amerika noch keine Rolle. Es gab dort zwar Kolonien der Portugiesen, Spanier, Holländer, Engländer und Franzosen sowie große Gebiete, in denen die Ureinwohner lebten und die Europäer noch keine Herrschaft errichtet hatten. Aber es gab keinen Staat, der an den Verhandlungen zu Münster und Osnabrück hätte beteiligt werden müssen. Der Eintritt der USA in die Weltgeschichte erfolgte mehr als ein Jahrhundert später, 1776, mit der Unabhängigkeitserklärung *(Declaration of Independence)*. Bereits dieser Akt war geprägt von Kraft, Selbstbewußtsein und Entschlossenheit. Gut zwölf Jahre später, 1789, trat die Verfassung *(Constitution)* in Kraft; im gleichen Jahr wurden als Ergänzung die amerikanischen Grundrechte *(Bill of Rights)* verabschiedet.

Über die Fragen, die im Verfassungskonvent in Philadelphia zu regeln waren, hatte es eine ungemein fruchtbare Debatte gegeben. Wenn die Europäer, die sich jüngst über die Verfassung der Europäischen Union stritten, jene Sammlung von über achtzig Aufsätzen zu Grundfragen der Verfassung gekannt hätten, die damals im *Federalist* veröffentlicht wurden, würden sie über das hohe Niveau der Debatte staunen. Die *Federalist Papers* zeigen, daß sich die Autoren voll auf der Höhe des europäischen staatspolitischen Denkens bewegten. In Deutschland kam es erst mehr als ein halbes Jahrhundert später in der Frankfurter Paulskirche zu ähnlichen Diskussionen, bei denen man sich notabene an die *Federalist Papers* und an die amerikanische Verfassung angelehnt hat.

Die drei amerikanischen Grunddokumente haben sich mit einer für europäische Verhältnisse unvergleichlichen Stetigkeit im praktisch-politischen Leben der Nation bis heute bewährt. Darin liegt einer der Hauptgründe für den Stolz vieler Amerikaner auf ihr Land. Aber keine Verfassung kann ein für allemal die Grundlinien der Politik festlegen, schon gar nicht die der Außenpolitik, die auf höchst unterschiedliche und wechselnde Situationen zu reagieren hat. Jeder Staat hat jedoch bestimmte außenpolitische Traditionen. Wer die amerikanische Außenpolitik heute und morgen verstehen will, muß sich deshalb die außenpolitischen Traditionen der USA bewußtmachen.

In der amerikanischen Außenpolitik gibt es seit über zweihundert Jahren drei Grundtendenzen. Sie haben immer gleichzeitig und nebeneinander existiert. Mal ist die eine, mal die andere vorrangig verfolgt worden. Isolationismus und unilateraler Imperialismus haben sich dabei abgewechselt, oft aber auch auch überlagert und vermischt. Als dritte Kraft gab es von Anfang an das Bewußtsein einer von Gott auferlegten Mission, eines Auftrags, die ganze Welt zu bekehren.

Vor zweihundert Jahren und noch bis tief in das 19. Jahrhundert sahen die Amerikaner in England die bei weitem wichtigste Macht. Die Unabhängigkeit mußte gegen England errungen werden; 1812/14 hatte man einen Krieg gegen England zu führen, in dem die Engländer die Stadt Washington in Flammen aufgehen ließen; es kam zu Spannungen über den Grenzverlauf mit dem von London aus regierten Kanada. Während des amerikanischen Bürgerkrieges (1861/65), der 630 000 Tote forderte, blieb England jedoch neutral.

1823 verkündete Präsident James Monroe seine isolationistische Doktrin: Amerika werde sich nicht in europäische Kriege einmischen, aber die europäischen Mächte sollten jede weitere Expansion in Nord- und Lateinamerika unterlassen. Bereits lange vorher hatte sich in den USA selber ein starker Drang zur Ausdehnung entwickelt. Die Territorien der Indianer wurden meist rücksichtslos in Besitz genommen. 1803 kaufte Präsident Thomas Jefferson den Franzosen für einen symbolischen Preis das riesige Louisiana-Territorium ab und verdoppelte dadurch das Gebiet der USA; anschließend stieß er bis an die Pazifikküste vor. 1845 wurde Texas annektiert, das vorher zu Mexiko gehört hatte. 1846 kam es zum Krieg gegen Mexiko, an dessen Ende Mexiko riesige Gebiete an die USA abtreten mußte – darunter die heutigen Staaten Kalifornien, Arizona, Nevada, Utah, Colorado, Wyoming und New Mexico.

Diese vornehmlich in westlicher Richtung verlaufene Ausdehnung (Florida hatte man nach einem Streit schon 1819 den Spaniern abgekauft) wurde durch eine schnell wachsende Einwanderung aus Europa gestützt. Das Oregon-Fieber, der Goldrausch und Parolen wie *manifest destiny, new frontier, go west, young man!* trugen dazu bei. Weil sie nicht zu Lasten der europäischen Mächte ging, wird für diese Phase amerikanischer Geschichte meist neutral von Expansion gesprochen; man kann aber auch – ohne daß dies gleich in einem moralischen Vorwurf enden muß – von einem frühen Imperialismus der USA sprechen.

Schon in den fünfziger Jahren des 19. Jahrhunderts kam es zu einem eindeutig imperialistischen Akt, nämlich der Entsendung amerikanischer Kriegsschiffe nach Japan, wo Commander Perry die Beendigung der seit zweieinhalb Jahrhunderten andauernden radikalen Abschottung des Landes unter den Tokugawa-Schogunen erzwang. Er trug damit wesentlich zur Meiji-Restauration bei – und im Ergebnis zu der atemberaubenden Modernisierung Japans. In den sechziger Jahren nahmen die USA das unbewohnte Midway-Archipel im Pazifischen Ozean in Besitz, welches im Zweiten Weltkrieg große seestrategische Bedeutung erlangen sollte. Ebenfalls kurz nach Ende des Bürgerkrieges kauften die USA dem russischen Zaren Alaska ab. Damit waren die USA für einige Jahrzehnte territorial arrondiert und auch saturiert. Bis ins letzte Jahrzehnt des 19. Jahrhunderts scheint die imperialistische Grundtendenz der amerikanischen Außenpolitik keine direkten Auswirkungen mehr gehabt zu haben.

Während sämtlicher Phasen ihrer Expansion haben die USA am Isolationismus festgehalten. George Washington, der erste Präsident, erklärte angesichts des englisch-französischen Krieges die Neutralität der USA.

In seiner Abschiedsrede *(farewell address)* warnte er 1796 Amerika davor, sein Schicksal mit dem Schicksal anderer Staaten zu verflechten. Thomas Jeffersons Warnung vor *entangling alliances* (entangling = verwickelnd, verstrickend) ist in der außenpolitischen Diskussion in Amerika bis auf den heutigen Tag immer wieder zu hören. Dieses Wort von 1801 wird von Isolationisten wie Imperialisten gleichermaßen benutzt; beide wenden sich gegen multilaterale Bindungen der USA, wenn auch aus unterschiedlichen Motiven. Der tief eingewurzelte Isolationismus hat letztlich verhindert, daß die USA 1919 dem von Woodrow Wilson initiierten Völkerbund beigetreten sind. Im Zweiten Weltkrieg wollte Franklin Roosevelt zwar den Gegnern Hitlers helfen, nicht aber Amerika am Krieg beteiligen; er stand damit durchaus in der isolationistischen Tradition. Erst der japanische Überfall auf Pearl Harbor und Hitlers Kriegserklärung führten zum Kriegseintritt der USA.

Es war der Kalte Krieg gegen die Sowjetunion, der nach dem Zweiten Weltkrieg zu einer nahezu totalen Umkehr und für ein halbes Jahrhundert fast zum Verschwinden der isolationistischen Grundtendenz geführt hat. Seit dem Amtsantritt von Bush jr. zeigt sich jedoch: Der moderne Imperialismus fühlt sich stark genug, auf Bindungen verzichten zu können, die Amerika behindern. Es wird dies vermutlich nicht das letzte Mal sein.

Bevor ich mich der weiteren Entwicklung zuwende, möchte ich zunächst einige zum Verständnis der amerikanischen Außenpolitik wichtige Vorgänge der jüngeren Vergangenheit in Erinnerung rufen. Vielen

Europäern ist die amerikanische Geschichte ja nur schemenhaft geläufig. Ich selbst bin von 1925 bis 1937 zur Schule gegangen – die letzten vier Jahre in der Nazi-Zeit – und kannte bis zum Ende des Zweiten Weltkrieges aus der amerikanischen Geschichte nur dreierlei: die Monroe-Doktrin, die Sklavenbefreiung durch den Bürgerkrieg und Wilsons Vierzehn Punkte. Daß diese im Versailler Friedensvertrag »schändlicherweise« nicht erfüllt worden seien, gehörte zu den Stereotypen der Nazi-Ideologie. Nach Kriegsende hat meine Generation sich ihre Geschichtskenntnisse dann selbst zusammensuchen müssen. Ich hoffe, den späteren Generationen ist es im Geschichtsunterricht etwas besser ergangen, aber ich bin mir nicht sicher. Wer weiß zum Beispiel etwas von Theodore (»Teddy«) Roosevelt, von 1901 bis 1909 Präsident der USA, der von seinen Landsleuten mit Recht ein Imperialist genannt wurde und doch für den von ihm vermittelten Frieden von Portsmouth, der 1905 den Krieg zwischen Japan und Rußland beendete, ein Jahr später den Nobelpreis erhielt?

Für Teddy Roosevelt war eine enge Beziehung zu England selbstverständlich. Aus England und Irland stammte ein großer Teil der amerikanischen Einwanderer, und von Spannungen zwischen den USA und England war schon lange nichts mehr zu spüren. Auch als Seemächte vertrugen sich die beiden gut. Der amerikanische Seeoffizier Alfred Thayer Mahan schuf mit seinen Schriften über die Bedeutung der Seemächte in der neueren Geschichte die theoretischen Grundlagen für den Aufbau einer großen Kriegsmarine und den Erwerb von Marinestützpunkten. Mahan gewann für die amerikanische Politik eine ähnliche Bedeutung wie in

Deutschland, drei Generationen vor ihm, Carl von Clausewitz. 1898 kam es wegen eines Zwischenfalles auf Kuba zum Krieg mit Spanien; er endete damit, daß die jahrhundertelang in spanischem Besitz befindlichen Philippinen an die USA gelangten. Gleichzeitig erwarben die USA das Hawaii-Archipel, Guam und Wake – allesamt pazifische Marinestützpunkte. 1903 setzte Roosevelt, der den Aufbau einer formidablen Kriegsmarine noch vor seiner Präsidentschaft in die Wege geleitet hatte, die Abtrennung Panamas von Kolumbien durch, weil die Kontrolle des projektierten Panamakanals für ihn seestrategisch von entscheidender Bedeutung war. Zuletzt proklamierte er – in Ergänzung der Monroe-Doktrin – das Recht der USA zur polizeilichen Intervention in lateinamerikanischen Staaten.

Roosevelts Nachfolger, Präsident Woodrow Wilson, mischte sich zwar in Mexiko, in Nicaragua, in Haiti, in der Dominikanischen Republik ein, er verselbständigte Panama und vollendete den Kanal – alles in der Tradition Roosevelts –, zugleich aber propagierte er den Völkerbund. Er wollte die Demokratie über die ganze Welt ausbreiten, weil er davon überzeugt war, daß Friede der Normalzustand zwischen Demokratien sei. Er glaubte an die Einzigartigkeit der amerikanischen Werte, und manche seiner Worte klingen ähnlich wie die von Bush jr.

Nach dem Ersten Weltkrieg ist der amerikanische Imperialismus vorübergehend unterbrochen worden. Der Senat lehnte den Beitritt zum Völkerbund ab und leitete eine Rückkehr zum Isolationismus ein. Es blieb jedoch eine kurze Phase, die Ende der dreißiger Jahre unter dem Eindruck der Aggressionen durch Deutschland, Italien und Japan beendet wurde. Der Zweite Weltkrieg löste in den USA eine gewaltige, das ganze Volk und sämtliche Wirtschaftszweige umfassende Anstrengung aus. Bei Kriegsende stand Amerika militärisch, politisch und industriell an der Spitze der Welt. Anders als nach dem Ersten Weltkrieg kam es diesmal nicht zu einem Umschlag in den Isolationismus. Statt dessen nahmen die USA zu Beginn des Kalten Krieges mit der Sowjetunion energisch, zielbewußt und opferbereit – wenn auch gegen starke innere Widerstände – die Führung des Westens in die Hand. Mit dem Marshall-Plan 1947 und dem Nordatlantik-Pakt 1949 begann eine in der amerikanischen Geschichte einzigartige Periode des internationalen Engagements. Schon vorher war es unter der geistigen und politischen Führung Amerikas zur Gründung der Vereinten Nationen und des Sicherheitsrates, des Internationalen Währungsfonds, der Weltbank und anderer globaler Einrichtungen gekommen – ein Sieg der multilateralen Tendenz, die es bis dahin nur unter Wilson und nur vorübergehend gegeben hatte. Nun halfen die USA den schwer kriegsbeschädigten Völkern Europas wirtschaftlich wieder auf die Beine, sogar die Deutschen und die Japaner wurden eingeschlossen. Zugleich organisierte Amerika erfolgreich die Sicherheit Europas gegenüber einer imperialistischen Sowjetunion.

Natürlich haben die USA diese großartige Leistung nicht allein aus uneigennützigen Motiven vollbracht, aber sie ist fast der ganzen Welt zugute gekommen. Im wesentlichen ging es um die Abwehr des Kommunismus und um die Eindämmung Moskauer Hegemonialansprüche; dabei sind die USA auf dem asiatischen Festland (in Südostasien und in Korea) keineswegs so erfolgreich gewesen wie in Europa (besonders in West-Berlin) und bei der Abwehr der Installation sowjetischer Raketen vor ihrer eigenen Haustür auf Kuba. Kein Engländer oder Franzose, kein Norweger oder Italiener, kein Pole oder Deutscher kann ernsthafte Zweifel daran haben, daß Europa in erster Linie dank amerikanischem Einsatz vor sowjetischer Vorherrschaft bewahrt blieb. Diese Dankbarkeit der Europäer wirkt noch immer nach, ganz besonders in der englischen Nation.

Die Haltung der Europäer gegenüber den USA wird heutzutage überschattet von der Abneigung der meisten Europäer gegen das hegemoniale Gehabe von Bush jr., der sich ausdrücklich zu Präventivkriegen bekennt. Dieser Präsident erweckt den Eindruck, als ob seiner Regierung die Stabilität des Friedens weit weniger wichtig ist als die imperiale Ausbreitung demokratischer Regierungsformen über andere Völker und Kulturen. Soweit seine Regierung unter stetiger Anrufung des christlichen Gottes zugleich eine illiberale Politik der inneren Sicherheit betreibt, fordert sie vor allem diejenigen unter den Amerikanern heraus, die an den liberalen Verfassungtraditionen des Landes festhalten wollen. Die Europäer aber müssen sich in erster Linie fragen: Wohin führt uns diese Außenpolitik?

Imperialismus und Demokratie sind einander widersprechende Prinzipien; dennoch kann ein im Innern demokratisch regierter Staat nach außen durchaus eine machtvolle imperialistische Politik verfolgen. Die Europäer aber müssen sich fragen: Wenn der amerikanische Imperialismus sich durchsetzt, wie weit wird er dann unsere Demokratie und unsere Selbstbestimmung einschränken? Für diejenigen, die eine solche Einschränkung ablehnen, ergeben sich weitere schwerwiegende Fragen: Was können wir dagegen tun? Welches sind die Konsequenzen? Sind wir stark genug, diese Konsequenzen auszuhalten?

Wer unter den Politikern Europas sich auf solche Fragen klare Antworten zutraut, muß sich vor einer illusionären Interpretation der Geschichte der amerikanischen Außenpolitik hüten. Die Außenpolitik der USA hat nach 1945 den Eindruck erweckt, sie sei von dem Willen zu Multilateralität und Internationalität bestimmt. Abweichungen gab es erstmals unter Reagan, dann zunehmend unter Clinton. In Clintons Amtszeit begann die Entpolitisierung des Nordatlantischen Bündnisses und dessen schrittweise Umgestaltung in ein Instrument der amerikanischen Außenpolitik. Unter Bush jr. haben sich die USA vollends von den als Behinderung empfundenen Verpflichtungen durch die Allianz, deren Organe und Partner befreit. Damit ist die amerikanische Außenpolitik zu Theodore Roosevelt zurückgekehrt.

Die lange Phase der Multilateralität von 1945 bis in die neunziger Jahre war eine Ausnahme. Wer diese fünf Jahrzehnte der amerikanischen Außenpolitik irrtümlich für die Regel hält, wer glaubt, ein Wechsel im Amt des Präsidenten werde automatisch zurückführen zu einer multilateralen Politik, kann schon bald vor der Erkenntnis stehen, sich gründlich geirrt zu haben. Zwar mögen ein anderer Präsident und eine andere Ad-

ministration sich in Ton und Wortwahl moderater verhalten, als man es heute aus Washington kennt; aber
die einmalige Machtposition der USA bleibt für jeden
Präsidenten und jede Administration eine Einladung,
davon auch Gebrauch zu machen.

Amerikas Stärken und Schwächen

Dem äußeren Anschein nach liegt die Stärke der USA vornehmlich in ihrer militärischen Macht, die sich über den gesamten Globus erstreckt. Die USA haben den Erdball in fünf strategische Kommandobereiche aufgeteilt, je einen für Nord- und Südamerika, einen dritten für Europa, das Mittelmeer und Afrika, einen vierten für den Mittleren Osten und Zentralasien, einen fünften für den gesamten Bereich des Pazifik, für Ost- und Südasien und den Indischen Ozean. Jeder dieser Kommandobereiche untersteht einem Vier-Sterne-General. Gegenwärtig stehen amerikanische Soldaten in 156 Staaten; in 63 Staaten gibt es amerikanische Basen und Truppen. Die militärische Stärke zur See, in der Luft und auf dem Lande erscheint in der Tat als überwältigend. Freilich zeigen die beunruhigenden Situationen in Afghanistan oder im Irak – nach gewonnenen Kriegen –, daß man mit Raketen und anderen Distanzwaffen allein ein fremdes Land nicht beherrschen kann, dafür braucht man vieles mehr, auch viele Soldaten. Dies ist nicht der einzige Grund für die Vorsicht unter den amerikanischen Spitzengenerälen, die sich erkennbar vom Militarismus einiger ziviler Spitzen im Pentagon unterscheidet. Gleichwohl bleibt es dabei:

Die USA sind heute die einzige militärische Macht mit globaler Reichweite.

Aber darin liegt nur ein Teil der heutigen Kraft der USA. Ein mindestens ebenso wichtiges Element ist die seit Generationen ungebrochene Vitalität der Nation. Die Millionen Einwanderer aus Irland, Deutschland, England, Italien, Polen, Skandinavien oder Rußland, aus ganz Europa, aus dem Fernen Osten, aus der Karibik oder aus Mexiko: fast alle waren im eigenen Land nicht zurechtgekommen, sei es aus wirtschaftlichen oder politischen Ursachen, und deshalb ausgewandert. Gemeinsam war ihnen der Mut, in der neuen, ihnen unbekannten Welt einen neuen Anfang zu versuchen. Außer seinem Kopf und seinen Händen brachte kaum einer viel mit. Aber sie alle hatten Selbstvertrauen und waren Optimisten. Es war eine Elite der Vitalität. Diese Elite hat Kinder gezeugt, Enkel, Urenkel, und so ihre Gene bis auf den heutigen Tag vererbt.

Auch die erstaunliche Religiosität vieler Amerikaner und ihr Sendungsbewußtsein sind von einer Generation zur nächsten weitergegeben worden, nicht biologisch, aber kulturell, durch die Erziehung in der Familie und in der Schule sowie durch die tägliche Praxis in der Gemeinde und im Staat. Unter den Millionen Einwanderern waren von Anfang an viele, die ihre Heimat wegen religiöser Unterdrückung verlassen mußten und die in Amerika an ihrer Glaubensüberzeugung festhielten. Andere klammerten sich angesichts der harten Lebensbedingungen nach der Einwanderung um so mehr an ihren Glauben und ihr Vertrauen auf Gott. Trotz der weitgehenden Säkularisierung des täglichen Lebens und unbeeinträchtigt durch die Vielzahl christlicher Kirchen hat sich in Amerika der christliche Glaube ganz allgemein in viel höherem Maße erhalten als in den meisten der alten europäischen Nationen. Auf den Dollarscheinen findet man immer noch – als einziges Motto – »In God we trust«.

An die hundertmal habe ich Amerika besucht, immer wieder war ich beeindruckt von der Vitalität, von der Offenheit, auch von der Hilfsbereitschaft und Gastfreundschaft von Menschen, die man gerade erst kennengelernt hatte, gleich ob in New York oder im Mittleren Westen, in Texas oder in Kalifornien. Meine erste Reise 1950 galt Chicago, und ich benutzte ein freies Wochenende, um weit entfernte Verwandte in Duluth in Minnesota aufzusuchen. Sie hatten einer meiner alten Tanten in Hamburg in den bitteren Nachkriegsjahren Care-Pakete geschickt; nun hatte ich den Auftrag, persönlich Dank zu sagen. Ich kannte keinen der amerikanischen Verwandten und wußte nur den Namen eines Onkels. Am Bahnhof empfing mich sehr herzlich eine große Familie. Am nächsten Tag zeigte mir Onkel August seine kleine Eisengießerei und bot mir einen Job an, dazu ein leerstehendes Einfamilienhaus; Frau und Tochter solle ich nachkommen lassen, denn in Deutschland würde es uns ja noch lange Zeit nicht sonderlich gut gehen. Wir haben uns damals nicht zur Auswanderung entschlossen, aber die großzügige Hilfsbereitschaft meiner amerikanischen Verwandten – der Weltkrieg lag erst fünf Jahre zurück – werde ich nicht vergessen. Noch heute will sie mir charakteristisch für die amerikanische Mentalität erscheinen.

Die natürliche Großzügigkeit ist eine der Stärken des amerikanischen Volkes. Eine andere Stärke liegt in der naiven Selbstverständlichkeit ihrer Grundüberzeugung von der moralischen Überlegenheit ihrer Demokratie und ihrer Grundrechte. Nur sehr selten neigen Amerikaner zu Zweifeln am eigenen Land. Weil Demokratie gut ist für Amerika, muß sie auch gut sein für Chinesen oder Araber – ja für die ganze Welt.

Ähnlich selbstverständlich ist für Amerika die Tatsache, daß die nationale Sprache zur alleinigen Weltsprache geworden ist. Das Englische war im 19. Jahrhundert eine unter mehreren weltweit verbreiteten Sprachen. Im Laufe der zweiten Hälfte des 20. Jahrhunderts hat die englische Sprache das Französische wie auch das Spanische als Medium internationaler Verständigung weitgehend verdrängt. Wenn ein Spanier nach Japan kommt oder ein Franzose nach China, sprechen sie englisch mit ihren Geschäftspartnern oder ihren Kollegen in der Wissenschaft. Der Investmentbanker an der Wall Street oder der Senator in Washington, D.C., braucht keine fremde Sprache zu beherrschen, auch nicht ein amerikanischer Software-Ingenieur oder der Präsident der USA. Darin liegt ein großer Vorteil für die Amerikaner; denn die Formulierung eines Gedankens fällt in der Muttersprache viel leichter als in einer mühsam erlernten Fremdsprache. Dieser Vorteil kann im Laufe der nächsten Jahrzehnte noch an Gewicht zunehmen, er trägt erheblich zur Überlegenheit Amerikas bei.

Natürlich gibt es unter den bald dreihundert Millionen Amerikanern auch einige Millionen, die in einer oder sogar in mehreren Fremdsprachen zu Hause sind oder sie doch wenigstens verstehen und sprechen können; Fremdsprachen sind jedoch nicht die Stärke der amerikanischen Universitäten und Schulsysteme. Die große Mehrzahl der meist staatlichen Universitäten und der High Schools entspricht qualitativ dem europäischen Durchschnitt. Dagegen gehören die amerikanischen Elite-Universitäten als Einrichtungen der Lehre wie auch als Institutionen der Forschung zu den besten der Welt. Wer zum Beispiel in Yale, Princeton oder Chicago, am M.I.T., an der Harvard oder Johns Hopkins, der Stanford oder der Columbia University seinen *masters degree* erworben hat, hat in aller Regel nicht nur sein Fach hervorragend gelernt, sondern zugleich eine gute Erziehung und eine gute Allgemeinbildung mitbekommen. Noch wichtiger erscheinen mir die beneidenswerten Forschungs- und Entwicklungsleistungen der Spitzenuniversitäten. Sie sind, verglichen mit Europa, weitestgehend frei von staatlich-bürokratischer Reglementierung und sind auch deshalb zu einem bedeutenden Faktor amerikanischer Stärke geworden.

Manche Europäer machen sich bisweilen über das niedrige Niveau der Erzeugnisse der Trivialkultur lustig, die von der amerikanischen Medienindustrie über die Welt verbreitet werden. So gerechtfertigt der Spott auch in vielen Fällen erscheint, es wäre ein schwerer Fehler, die Trivialität der Unterhaltungsindustrie oder der Rock- und Popmusik für das Kennzeichen der amerikanischen Kultur zu halten. In der amerikanischen Gesellschaft gibt es eine Schicht von Bildungsbürgern, deren Ansprüche an Qualität denen der europäischen Bildungsschichten in nichts nachstehen. Der enge Kontakt zwischen europäischen und amerikanischen Wissenschaftlern und innerhalb des Bildungsbürgertums könnte eines Tages eine wichtige Brücke werden, über die europäische Einflüsse auf die amerikanische Weltpolitik einwirken.

Die aus dem alten Kontinent kommenden Siedler hatten ihre religiösen, ethischen und politischen Wurzeln in Europa, und noch die Gründerväter *(founding fathers)* und die Autoren der amerikanischen Grunddokumente waren europäisch geprägt. Später wurden starke literarische Einflüsse in umgekehrter Richtung wirksam. Von Herman Melville, Mark Twain und Edgar Allan Poe über eine größere Zahl bedeutender Romanciers, über William Faulkner und Ernest Hemingway bis zu Thornton Wilder oder Tennessee Williams ist die große amerikanische Literatur Teil der europäischen Kultur geworden. Dies gilt ähnlich für die drei originären musikalischen Erfindungen, Spiritual, Jazz und Musical, welche Europa mit Begeisterung aus Amerika übernommen hat.

Freilich ist der Einfluß der amerikanischen Trivialkultur weit größer. Weil die Verbreitung amerikanischer Produktionen, sei es im Kino, im Fernsehen oder im Internet, einhergeht mit der Verbreitung des amerikanischen *way of life*, amerikanischer Vorstellungen und amerikanischer Propaganda, liegt in der globalen Dominanz der amerikanischen Unterhaltungsindustrie ein bedeutender Faktor der amerikanischen Stärke. Die wichtigsten Passagen einer großen politischen Rede des amerikanischen Präsidenten werden über Satelliten und Schüsselantennen unmittelbar in die privaten Haushalte in Osaka oder Kanton, in Hamburg oder Mailand oder Manchester, in Buenos Aires oder Mexico City übertragen. Kein Staatsmann eines anderen Landes kann eine solche globale Präsenz erzielen.

Eine der außenpolitischen Stärken der USA liegt in ihrer traditionellen Geschlossenheit. Sie gibt dem jeweiligen Präsidenten ein so hohes Maß an außenpolitischer Handlungsfähigkeit, wie es ansonsten nur in Diktaturen vorkommt. Im Falle einer äußeren Gefahr gilt fast allgemein der Grundsatz: »Rally behind the President«. Daß dieses Prinzip von den allermeisten Politikern im Kongreß tatsächlich befolgt wird, ist nicht zuletzt auch dem angelsächsischen Wahlrecht zu verdanken, das praktisch zu einem Zwei-Parteien-System geführt hat und die Entstehung von Splitterparteien erschwert. Gewiß sind die Senatoren und die Abgeordneten im Kapitol prestigesüchtig; aber sowohl die Demokraten als auch die Republikaner wissen sich den seit dem Bürgerkrieg Mitte des 19. Jahrhunderts eingehaltenen Traditionen verpflichtet. Nur bei Gesetzgebungsverfahren ist der Präsident auf ausreichende Mehrheiten im Kongreß angewiesen. Ansonsten ist er erstaunlich frei; dies hat sich nach den Anschlägen des 11. September 2001 abermals erwiesen. Dennoch sind in den letzten Jahren gewaltige Verschiebungen innerhalb des amerikanischen Systems zu verzeichnen.

Als ich vor einem halben Jahrhundert als junger Abgeordneter des Deutschen Bundestages begann, regelmäßig die USA zu besuchen, um mir Klarheit über den außenpolitischen Kurs Amerikas zu verschaffen, genügte dafür jedesmal weniger als eine Woche, nämlich ein oder zwei Tage in Washington und New York sowie ein Tag an einer der renommierten Universitäten in Neu-England. Man hatte es mit einer außenpolitisch erfahrenen Elite zu tun, die im Vergleich zum damaligen Deutschland von einer hohen Homogenität der

Meinungen, der Werte und Zielsetzungen gekennzeichnet war. Der Kalte Krieg mit der Sowjetunion hatte eine weitgehende Übereinstimmung der Prinzipien herbeigeführt; man kann sie mit zwei Schlagworten jener Zeit charakterisieren: Eindämmung *(containment)* und Gleichgewicht. Heute ist diese ehemals tonangebende politische Klasse in viele Richtungen zerstoben. Seit Mitte der siebziger Jahre kommen die Präsidenten aus den südlichen Staaten der USA; mit der Ausnahme von Bush sen. kannte keiner von ihnen viel von der Welt, bevor er sein Amt antrat. Ähnlich gering ist die Weltkenntnis der Senatoren und Abgeordneten; einer von ihnen rühmte sich einmal öffentlich, daß er einen Reisepaß nicht benötige, denn er reise nicht ins Ausland.

Seit über einem Jahrhundert ist Amerika eine Weltmacht; die Weltkenntnis seines politischen Führungspersonals hat in der letzten Generation jedoch deutlich abgenommen. Daraus resultieren Unsicherheiten und eine Abnahme der Berechenbarkeit amerikanischer Weltpolitik. Zwar findet sich in den Neu-England-Staaten der Ostküste und in New York immer noch ein hohes Maß an Weltläufigkeit; zwar sind im Mittleren Westen und in Chicago Kenntnisse über Europa und das Interesse an der Alten Welt immer noch vorhanden. Aber in Kalifornien – inzwischen der volkreichste Staat – schaut man vornehmlich auf Ost- und Südasien, in Texas – heute der zweitgrößte Staat – blickt man vor allem auf die ölreichen Staaten Asiens, und der ganze Süden der USA hat vor allem Mexiko und die Karibik im Blick. Das El-Qaida-Verbrechen in New York und Washington und der anschließend ausgerufene »Krieg gegen den Terrorismus« haben zwar eine demonstrative Einigkeit der politischen Klasse ausgelöst. Diese wahrscheinlich nur vorübergehende Einigkeit verdeckt jedoch nicht die Tatsache, daß eine von der politischen Klasse insgesamt getragene außenpolitische Gesamtstrategie seit längerem fehlt.

Das seit dem Zerfall der Sowjetunion gesteigerte Machtbewußtsein Amerikas geht einher mit einer Diffusion der außenpolitisch einst kohärenten Führungselite. Daraus können sich Schwankungen und im Ergebnis eine Schwächung der amerikanischen Außenpolitik ergeben. Sie steht seit einem Jahrzehnt stärker als früher unter dem Einfluß von ideologisch orientierten Gruppen und *think tanks*. Darunter ragen gegenwärtig die irreführend *neo-conservatives* genannten extremen Imperialisten hervor. Deren Kenntnisse weltpolitischer Tatsachen und Zusammenhänge und ihr Urteilsvermögen sind weitaus geringer als ihr Wille zum rücksichtslosen Gebrauch der militärischen Übermacht der USA; ihr Einfluß auf das Pentagon ist derzeit offensichtlich wesentlich größer als auf das diplomatisch erfahrene Außenministerium. Dabei fällt auf, daß die schon ein halbes Jahrhundert zurückliegende Warnung des Präsidenten Dwight Eisenhower vor der Macht des von ihm so genannten militärisch-industriellen Komplexes heute nicht so sehr auf die führenden Militärs als vielmehr auf führende Zivilisten in der Administration und besonders an der Spitze des Pentagons bezogen werden muß. Von ihnen – nicht von den weitaus bedächtigeren und vorsichtigeren Generälen und Stabschefs – ging die seit dem Amtsantritt von Bush jr. deutlich erkennbare Militarisierung der amerikanischen Außenpolitik aus. Sollten diese Einflüsse weiterhin wirksam bleiben, würde auf Dauer wahrscheinlich eine Schwächung der amerikanischen Führungskraft gegenüber der westlichen Welt die Folge sein; denn weder die öffentliche Meinung noch die Politiker Europas werden einer militärischen Machtpolitik über einen längeren Zeitraum folgen wollen.

Natürlich wissen erfahrene politische Führer in Westeuropa, daß ein von Amerikas militärischer Reaktion auf El Qaida ausgelöster globaler Zusammenstoß mit dem Islam *(clash of civilizations)* nicht mit militärischen Mitteln zu gewinnen ist. Gleichwohl haben sie sich bislang kaum gegen die scharfmacherischen Schriften und Reden der amerikanischen *neo-conservatives* und kaum anders als in subtil-diplomatischer Manier gegen deren militaristischen Einfluß auf die strategischen Entscheidungen Amerikas gewehrt. Sofern die Europäer bei diesem opportunistisch-abwartenden Verhalten bleiben sollten, könnte die gegenwärtig extrem und einseitig auf militärische Übermacht setzende Weltpolitik Amerikas noch lange andauern. In Europa könnte es dann eine verspätete, dafür aber um so heftigere Reaktion geben.

Auf lange Sicht wird die amerikanische Außenpolitik in ihrer Bedeutung möglicherweise hinter die Innenpolitik zurücktreten. Der Grund liegt in der demographischen Entwicklung der amerikanischen Gesellschaft. In der zweiten Hälfte des 21. Jahrhunderts werden Hispanics (Latinos) und Afro-Americans zusammen die Mehrheit der Wähler ausmachen. Bereits vor der Jahrhundertmitte wird ihr Verlangen nach besserer Kranken- und Altersversorgung, nach gleichen Chancen in Bildung und Ausbildung, nach Aufstiegsmöglichkeiten und nach einer Sozialpolitik im weitesten Sinne die Gewichte innerhalb der amerikanischen Politik verschieben.

Zuletzt sei auf einen Aspekt hingewiesen, der die Stetigkeit amerikanischer Weltpolitik zwar nur indirekt, aber durchaus nachhaltig gefährdet. Für das Amt des Präsidenten kann nur gewählt werden, wer für seinen Wahlkampf eine gewaltige Summe Geldes zusammenbringt. Anfang April 2004 war den amerikanischen Medien zu entnehmen, daß der amtierende Präsident Bush jr. für seinen Wahlkampf und die erst sieben Monate später stattfindende Präsidentenwahl bereits 170 Millionen Dollar in der Wirtschaft gesammelt hatte. In den folgenden Monaten würde er weitere Spenden sammeln, und natürlich würde der Gegenkandidat sich in gleicher Weise bemühen. Die demokratische Fragwürdigkeit solcher Verfahren will ich hier beiseite lassen, schließlich erleben wir auch im eigenen Land höchst zweifelhafte private Wahlkampffinanzierungen. Auch auf die mit der hohen Abhängigkeit von solchen Spenden verbundene Gefahr unerfreulicher Überraschungen will ich nur am Rande hinweisen. Die Frage, wie und wofür die Wahlkampfmittel eingesetzt werden, scheint mir hingegen einer kurzen Betrachtung wert.

Die Wahlkämpfer brauchen das Geld im wesentlichen für Propaganda in den Massenmedien, vor allem im Fernsehen. Die amerikanische Gesellschaft liest wenig Zeitung, das Fernsehen ist das wichtigste Medium der Information – und der Einflußnahme. Die große Zahl lokaler, regionaler und auch überregionaler privater Fernsehkanäle lebt von Einnahmen aus der

Werbung. Die Werbung richtet sich nach den Einschalt-
quoten, der Programmgestaltung und dem Prestige der
Kommentatoren und *anchor men*. Durch ihre Nach-
richtenauswahl und die Art ihrer Berichterstattung ha-
ben Fernsehredakteure – und ihre Chefs – einen großen
Einfluß auf die öffentliche Meinung Amerikas; dieser
Einfluß des wichtigsten Massenmediums ist in den
USA noch viel größer als in den Staaten Westeuropas.

Jede Massengesellschaft ist anfällig für Stimmungen und bisweilen auch für Manien und Psychosen.
Das Fernsehen kann Stimmungen auslösen. Dabei können die Macher des Fernsehens selbst von solchen
Stimmungen mitgerissen werden. Ich habe in den fünfziger Jahren die von Senator Joseph McCarthy ausge-
löste hysterische Jagd auf angebliche Kommunisten
miterlebt; damals spielte noch das Radio die große
Rolle, die inzwischen das Fernsehen übernommen hat.
Drei Jahrzehnte später habe ich die Angstpsychose der
deutschen Friedensbewegung miterlebt, die vornehmlich über das Fernsehen verbreitet wurde. Seit einigen
Jahren erleben wir, wie ideologische Schlagworte das
Denken großer Teile der amerikanischen Gesellschaft
bestimmen. Sorgfältig ausgeklügelte, aber simple Be-
griffe wie »Schurkenstaaten«, »Achse des Bösen« oder
»Krieg gegen den Terrorismus« hätten ohne das Fernsehen nicht entfernt die gleiche Massenwirkung erzielt.
Der jüngste Fall politischer Schwarzweißmalerei war
die Forderung, daß ein Land, welches dem Krieg gegen
den Irak nicht beitritt, als Feind Amerikas anzusehen
sei; weil Frankreich widersprochen hatte, wurden Pom-
mes frites, die in den USA seit Jahrzehnten *French fries*
genannt werden, in *liberty fries* umgetauft.

Die amerikanische Massengesellschaft ist natürlich nicht die einzige, die über das Fernsehen in die Irre geleitet werden kann. Auch andere Demokratien sind anfällig für nationalistische Demagogie, das war schon im klassischen Athen des 5. Jahrhunderts v. Chr. nicht anders gewesen. Im Falle der USA darf man mit Blick auf die Geschichte des Landes aber darauf hoffen, daß die pragmatische Vernunft am Ende obsiegen wird.

Globale Dominanz des amerikanischen Kapitalismus

Kapitalismus als Begriff kommt in den drei Grund-dokumenten der USA – der Unabhängigkeitserklärung, der *Bill of Rights* und der Verfassung (einschließlich ihrer Wandlungsmöglichkeiten) – nicht vor. Als sie gegen Ende des 18. Jahrhunderts geschrieben wurden, kannte niemand auf der Welt diesen Begriff, niemand hatte ihn definiert. Als Marx und Engels Mitte des 19. Jahrhunderts seine Popularisierung in die Wege leiteten, diente der Begriff zunächst allein der Beschreibung der industriellen Produktionsweise: Einer hat Kapital, viele andere bringen ihre Arbeit ein, der Kapitalist behält den Mehrwert. Später haben Max Weber, Werner Sombart und Joseph Schumpeter den Begriff aufgefächert. Seit Rudolf Hilferding spricht man vom Finanzkapitalismus. Dabei geht es nicht in erster Linie um die Produktion von Gütern, sondern um die gewinnträchtige Verfügungsmacht über bewegliches Geldkapital, mit dem zum Teil sehr weitreichende ökonomische – und politische – Entscheidungen beeinflußt werden. Für die Mehrheit der Amerikaner, die kaum je von Marktwirtschaft, sondern fast nur von Kapitalismus spricht, hat dieses Wort keinerlei negativen Beigeschmack; man glaubt, mit diesem Begriff die Gesamtheit der amerikanischen Wirtschaft zu erfassen – und man akzeptiert damit zugleich das Prinzip.

Die Amerikaner sind gegenüber Reichtum im allgemeinen viel toleranter als die Europäer. Viele Amerikaner glauben, die Reichen hätten ihren Reichtum in der Regel ihrer Tüchtigkeit zu verdanken. Dies liegt in der tradierten Mentalität begründet, die gewohnt ist, dem Erfolgreichen Anerkennung zu zollen, weil doch jeder die gleiche Chance habe. Dieses Denken ist Ausdruck der amerikanischen Vitalität und eine Stärke der USA. Das in Europa stark ausgeprägte Bedürfnis nach Gleichheit und sozialer Gerechtigkeit ist in den USA bisher relativ schwach entwickelt. Die Ideologien der *egalité*, des Kommunismus oder des Sozialismus haben in den USA kaum je eine größere Anhängerschaft gefunden; ideologisch motivierte Klassenkämpfe waren und sind eine Ausnahme. Die beiden noch vor einigen Jahrzehnten politisch einflußreichen Gewerkschaftsbünde CIO (Congress of Industrial Organizations) und AFL (American Federation of Labor) haben, obwohl inzwischen vereinigt, im Vergleich mit den europäischen Gewerkschaften nur geringe wirtschaftspolitische Macht. Sie haben den Kapitalismus akzeptiert. Entsprechend ist die Anzahl der jährlichen Arbeitsstunden größer als bei uns; die Anzahl der Urlaubstage ist weit geringer, die staatlichen und die betrieblichen Sozialleistungen fallen deutlich niedriger aus. Auf der anderen Seite ist die Dispositionsfreiheit der Manager in Unternehmen und Banken deutlich größer als in Westeuropa. Dies ist einer der Vorteile, die amerikanische Unternehmen und Banken im weltweiten Wettbewerb genießen.

Ein weiterer Vorteil liegt in der schnellen zivilen

Anwendbarkeit der durch den gigantischen Verteidigungshaushalt finanzierten Forschungen und Entwicklungen. Dazu kommt die traditionell enge Zusammenarbeit zwischen privaten Universitäten und privaten Unternehmen, vor allem im Technologiebereich. Der hohe Forschungsstandard der USA ist eine große und stetige Hilfe für die technologisch am weitesten fortgeschrittenen Unternehmungen.

Ein dritter Vorteil liegt natürlich in der Größe des amerikanischen Marktes. Während der gemeinsame Markt der Europäer nur langsam zusammenwächst und erst seit fünf Jahren, wenn auch nicht überall, über eine gemeinsame Währung verfügt, bestehen der einheitliche Markt und die einheitliche Währung der USA schon seit Generationen. Dazu kommt die als selbstverständlich praktizierte traditionelle Freizügigkeit für Personen; man ist durchaus bereit, in einen anderen Staat der USA umzuziehen, wenn man dort einen besser bezahlten Arbeitsplatz oder bessere Lebensumstände findet – oder auch nur erhofft.

Der Anteil der USA am Sozialprodukt der Welt lag im Jahre 2000 bei 21 Prozent, der Anteil an der Weltbevölkerung dagegen lediglich bei 4,6 Prozent. In den USA wird das bei weitem höchste Sozialprodukt pro Kopf erwirtschaftet (ich lasse den Ausnahmefall Luxemburg beiseite). Zugleich ist die globale Verzahnung dieser riesigen Volkswirtschaft relativ gering, die USA exportierten im Jahre 2002 lediglich 7 Prozent ihres Sozialproduktes; der Exportanteil Japans lag bei 10 Prozent, Frankreichs bei 19 Prozent, Deutschlands bei 28 Prozent. Mit den beiden wichtigen Ausnahmen Rohöl und Kapital ist die amerikanische Wirtschaft darüber hinaus viel unabhängiger von Entwicklungen der Weltwirtschaft als die der anderen großen Industriestaaten.

Die Abhängigkeit vom Rohölimport könnte durch Erschließung anderer Energiequellen im eigenen Land und durch energiesparende Technologien deutlich gesenkt, keineswegs aber in überschaubaren Zeiträumen ganz beseitigt werden. Die USA sind der bei weitem größte Benzin- und Kerosinverbraucher der Welt; das Flugzeug und noch mehr das Auto sind entscheidend wichtige Faktoren nicht nur der Industrie, sondern vor allem der Funktionsfähigkeit und des Lebensstandards der amerikanischen Gesellschaft. Deshalb wird die Sicherstellung des Ölimports noch auf Jahrzehnte eine hohe Priorität in der amerikanischen Strategie und Außenpolitik behalten; dabei kann die Finanzkraft der USA unter Umständen eine hilfreiche Rolle spielen.

Amerika oder genauer New York ist das Operationszentrum und zugleich das größte Schwergewicht im globalen Finanzkapitalismus. Die USA sind nicht nur militärisch, sondern auch finanzpolitisch die einzige Weltmacht von globaler Reichweite. Darin liegt eine gewaltige Einflußmacht über große Teile der Welt. Wenn es in einer außenpolitischen oder einer weltwirtschaftlichen Situation den Interessen der USA dienlich erscheint, kann ein amerikanischer Präsident auf diese Einflußmacht zählen. Dabei spielt der im Finanzjargon bisweilen so genannte *Washington consensus* eine Rolle; gemeint ist damit die inoffizielle und formlose, aber durchaus effiziente Kooperation zwischen dem amerikanischen Finanzministerium *(Treasury)*, der Zentralbank *(Federal Reserve System)*, einigen Spitzenmanagern der Wall Street und dem zahlreichen amerikanischen

Personal in den Gremien und Bürokratien von IMF und Weltbank – einschließlich der gewichtigen amerikanischen Stimmrechte in diesen beiden global tätigen Instituten, die beide in Washington angesiedelt sind. Auch wenn keinerlei Gefährdung vorliegt und ohne jede offizielle Einwirkung der Regierung kann sich die amerikanische Finanzwelt des Rückhalts in Washington sicher sein – und umgekehrt. Manche Spitzenleute der Wall Street sind in den letzten Jahrzehnten in öffentliche Ämter nach Washington berufen worden und nach ihrer Amtszeit an die Wall Street zurückgegangen.

Die großen international tätigen New Yorker Banken, besonders die sogenannten Investmentbanken, bilden nach ihren Bilanzen und ihren Profiten die Spitzengruppe in der Welt; nur ganz wenige Banken mit anderer nationaler Basis können mithalten. Ähnliches gilt für die großen amerikanischen Wirtschaftsprüfungsgesellschaften. Ihre Handhabung der Prüfung von Bilanzen, ihre Bewertungsprinzipien, auch ihre Publizitätspraxis sind im Begriff, sich auf der ganzen Welt durchzusetzen, zumindest was Großunternehmungen betrifft, deren Aktien international gehandelt werden; wer internationales Eigenkapital benötigt, dem hilft die Zulassung zur New Yorker Aktienbörse.

Die amerikanische finanzielle Stärke hat zwei Schwachstellen. Zum einen hat das seit Jahren hohe und von Jahr zu Jahr noch wachsende Defizit in der amerikanischen Handelsbilanz zu einer wachsenden Auslandsverschuldung geführt. Das Defizit in der Handelsbilanz liegt pro Jahr gegenwärtig bei 500 Milliarden Dollar, gleich fünf Prozent des amerikanischen Sozialprodukts, das sind 100 Milliarden Dollar mehr als der

Umfang des Verteidigungshaushalts. Dem steht ein Netto-Kapitalimport (d.h. nach Abzug aller amerikanischen Kapitalexporte) in Höhe von jährlich 500 Milliarden Dollar gegenüber. Die Auslandsverschuldung der USA wächst an jedem Wochentag um rund anderthalb Milliarden Dollar, insgesamt liegt sie gegenwärtig bei über 3000 Milliarden Dollar. Etwa ein Viertel davon entfällt auf die Währungsreserven Chinas und Japans; ein großer Teil liegt in Händen der Europäischen Zentralbank und der dem Euro-System angehörigen nationalen Zentralbanken; mindestens die Hälfte verteilt sich auf Private in Europa (überwiegend nach bezahlter Einkommen- oder Körperschaftssteuer gebildetes Kapital) und in Rußland, im Mittleren Osten und in Lateinamerika (zu großen Teilen wahrscheinlich aus unversteuerten Profiten stammendes Fluchtkapital). Der amerikanische Staat ist der größte internationale Schuldner geworden.

Gleichwohl betreibt die Regierung Bush jr. seit ihrem Amtsantritt einen defizitären Haushalt und trägt durch ihre Kreditnachfrage laufend zur weiteren Auslandsverschuldung bei. Manche Fachleute stellen sich besorgt die Frage: Wie lange kann das gutgehen? Immerhin hat der Dollar 2003/04 etwa ein Viertel seines Wechselkurses gegenüber dem Euro verloren, entsprechend hoch sind die Wertverluste mancher ausländischer Gläubiger. Es ist zwar durchaus denkbar, daß das Vertrauen der ausländischen Kreditoren in die wirtschaftliche Kraft Amerikas noch für viele Jahre erhalten bleibt. Aber es ist auch denkbar, daß das Vertrauen abrutscht, daß viele ausländische Gläubiger ihre US-Bonds verkaufen und damit eine Dollar-Krise auslösen. In diesem

Fall würde sich wahrscheinlich jede amerikanische Regierung zu drastischen Schritten entschließen; Einschnitte in die Haushalts- oder Steuerpolitik sowie in die Freiheit des Importhandels oder des internationalen Finanzverkehrs würden sowohl die amerikanische Nation als auch das Ausland hart treffen. Die weltpolitische Führungsposition der USA könnte dadurch in Mitleidenschaft gezogen werden.

Die andere Schwachstelle der amerikanischen Finanzwirtschaft liegt in den charakterlichen Schwächen eines Teils der amerikanischen Manager. Seit den achtziger Jahren wurden diese Schwächen im zunehmenden Hang zu spekulativen Operationen sichtbar, später in der grotesken Hysterie der vermeintlichen *new economy* und ihrer neu emittierten Aktien. Die Liste der Vergehen und Skandale ist lang, sie reicht von der ehemals hoch angesehenen Wirtschaftsprüfungsgesellschaft Arthur Anderson über Enron und Worldcom bis zur Führung der New Yorker Börse.

Ich habe die in der Häufung und Summierung bedrohliche Entartung Raubtierkapitalismus genannt; andere haben von *Social Darwinism* gesprochen. Gemeint sind die Sucht nach schneller persönlicher Bereicherung ohne Rücksicht auf Fairness oder Moral, der Hang zur Schaffung ständig neuer Finanzierungsinstrumente, die der Bürger nicht durchschauen kann, und die Jagd auf hoch dotierte Beratung und Begleitung von feindlichen oder auch freundlichen Firmenaufkäufen in Form von fremdfinanzierten Börsencoups. Dazu kommt die zum Teil geradezu schamlose Selbstbedienung einiger Spitzenmanager, die durch kurzfristig nach oben frisierte Gewinne ihre Vergütungen bis in dreistellige Millionenhöhe treiben – mit der Zugabe des Personenkults für den Erfolgreichen.

Millionen amerikanischer Bürger, die ihre Altersversorgung einem Investmentfonds anvertraut haben, sind durch die Habgier solcher Raubtierkapitalisten schwer geschädigt worden, andere haben bei der Anlage ihrer Ersparnisse irreführenden Ratschlägen von Analysten einer Investmentbank vertraut – mit gleichem Ergebnis. Die private Sparquote Amerikas liegt im Durchschnitt allerdings nur bei null Prozent des Einkommens. Die Kapitalbildung findet allein in den Banken und Unternehmen statt – ein deutliches Zeichen von Schwäche der Gesamtgesellschaft.

Im Falle der kapitalistischen Entartungen haben inzwischen sowohl die amerikanische Justiz als auch die Aufsichtsbehörden als auch die Gesetzgebung eine Reihe von Konsequenzen gezogen, zum Teil stehen sie noch aus. Im Falle des doppelten Defizits im Haushalt und in der Außenwirtschaft fehlen dagegen alle Anzeichen für ein Umdenken. Wer auch immer im Januar 2005 als Präsident vereidigt werden wird, er wird sich einer schrittweisen Lösung des Problems zuwenden und die notwendigen Reformen einleiten müssen – oder aber er nimmt sehenden Auges ein hohes ökonomisches und weltpolitisches Risiko in Kauf, dessen Folgen heute schwer einzuschätzen sind.

Eine dauerhafte Abhängigkeit der amerikanischen Wirtschaft von ausländischem Kapitalimport könnte die Bewegungsfreiheit der amerikanischen Außenpolitik gegenüber der Europäischen Union und Japan negativ beeinflussen. Die amerikanische Volkswirtschaft – und insbesondere ihr Arbeitsmarkt – ist allerdings robust genug, um notfalls drastische Maßnahmen der Regierung und der Notenbank zu ertragen. Deshalb kommt mir eine von den USA ausgehende oder die Wirtschaft der USA voll einschließende weltweite Depression nicht wahrscheinlich vor, wenngleich es auch in Zukunft Banken- oder Börsenkrisen geben wird. Insgesamt ist aber kaum damit zu rechnen, daß die strategische Kapazität der USA in absehbarer Zeit aus ökonomischen Ursachen sonderlich behindert wird.

Amerikas strategische Optionen

Seit dem Wegfall der sowjetischen Bedrohung hat die militärische und ökonomische Macht der USA dem Land ein sehr hohes Maß an Unabhängigkeit des außenpolitischen Handelns gegeben. Kein anderer Staat, weder Rußland noch China, weder irgendein Staat in Europa noch irgendein Staat in Asien verfügt heute und in den nächsten Jahrzehnten über ein ähnlich hohes Maß an weltweiter Handlungsfreiheit. Das wird auch in den nächsten Jahrzehnten so bleiben. Gleichwohl ist die Handlungsfreiheit der USA keineswegs unbegrenzt; das zeigt die gefährlich verworrene Situation im Mittleren Osten, das zeigen beispielsweise der amerikanische Rückzug aus Somalia, die amerikanische Nichteinmischung im Falle des Genozids in Ruanda oder auch die von den USA unterstellte, aber von ihnen einstweilen nicht verhinderte Vorbereitung einer nuklearen Raketenrüstung durch Nordkorea.

Die politische Klasse der USA ist sich im Laufe der neunziger Jahre ihrer neuen Machtfülle, ihrer Möglichkeiten und Optionen erst allmählich bewußt geworden, sie hat zunächst nur zögernd mit deren Bewertung und mit der Abwägung denkbarer Optionen begonnen. Erst die Regierung des Präsidenten Bush jr.

brachte, als sie Anfang 2001 antrat, das Bewußtsein globaler Überlegenheit mit ins Amt. Die ungeheure Aufregung nach dem 11. September 2001 hat eine rationale Erörterung der Gesamtstrategie der USA dann weitestgehend behindert. Diese Phase hat in den USA bis über den Irak-Krieg hinaus gedauert, genauer: bis klar wurde, daß der militärische Sieg über Saddam Hussein allein noch keineswegs eine Neuordnung des Mittleren Ostens, ja nicht einmal die Befriedung des Irak versprach. Gleichzeitig breiten sich in den USA Zweifel aus, ob dieser unter dubiosen Prämissen begonnene Krieg überhaupt geeignet war, dem islamistischen Terrorismus zu begegnen. Sowohl die öffentliche Meinung in den meisten Staaten Europas als auch die Regierungen in China, Rußland, Frankreich, Deutschland und anderen Ländern hatten den Krieg schon während seiner Vorbereitungsphase abgelehnt; sie hatten – allerdings nur halblaut – den öffentlichen Diskurs über den militärischen Unilateralismus der USA begonnen, als dort selbst eine Debatte noch nicht möglich war.

Das amerikanische Wahljahr 2004 bietet keine sonderlich günstige Voraussetzung für eine grundsätzliche Klärung der Ziele und Methoden amerikanischer Gesamtstrategie. Zwar mag der Wahlkampf nicht nur einige einseitige Übertreibungen, sondern auch einige Einsichten zutage fördern, wahrscheinlich wird aber erst danach eine sorgfältige und umfassende Diskussion über Amerikas *grand strategy* (Gesamtstrategie) beginnen. Früher oder später muß sie sich von der gegenwärtig nahezu ausschließlichen Fixierung auf den Terrorismus befreien. Der gesamte Mittlere Osten stellt Amerika vor Probleme und Entscheidungen, welche sich auf die ganze Welt auswirken werden. Aber daneben stehen andere komplexe Fragen, auf die Amerika ebenfalls Antworten finden muß. Diese Antworten werden den Gang der Weltgeschichte in den nächsten Jahrzehnten stark beeinflussen.

Im folgenden will ich diejenigen Bereiche skizzieren, in denen mir prinzipielle gesamtstrategische Entscheidungen der USA in nächster Zukunft unausweichlich und notwendig zu sein scheinen. Alle diese Entscheidungen bedürfen zunächst der Analyse, sodann der Abwägung von alternativen Möglichkeiten, von Wirkungen und Risiken – und schließlich ihrer Bewertung unter dem langfristigen Aspekt der Interessen Amerikas. Erst nach rationaler Durchdringung der Materie sollte eine Entscheidung gefällt werden.

Aus der Weltgeschichte wissen wir, daß viele höchst folgenreiche Entscheidungen ad hoc von einzelnen Personen gefällt wurden. Auch eine auf dem Fundament der Gewaltenteilung organisierte moderne Demokratie wie Amerika kann durch ein unvorhergesehenes Ereignis zu einer sofortigen Entscheidung gezwungen werden, die gleichwohl eine prinzipielle und langfristige Bedeutung hat. Die Fähigkeit zu einer solchen verantwortungsbewußten Ad-hoc-Entscheidung macht einen Teil der Führungsqualitäten aus, die von amerikanischen Präsidenten verlangt werden; der 11. September 2001 war ein herausragendes Beispiel für den Zwang zu schneller Entscheidung. Je besser und umfassender eine Regierung und ein Parlament auf Eventualfälle vorbereitet sind, um so seltener werden Ad-hoc-Entscheidungen von prinzipieller und langfristiger Wirkung nötig sein. Die Geschichte zeigt aber auch, daß eine

Reihe einzelner kleinerer Schritte am Ende eine grundlegende Entscheidung herbeiführen kann; ein Beispiel dafür war die amerikanische Strategie des Gleichgewichts nuklearer Rüstungen (auch »Gleichgewicht des Schreckens«) gegenüber der Sowjetunion. Auf welche Weise, wann und durch wen auch immer die künftigen gesamtstrategischen Alternativen Amerikas entschieden werden, soviel ist sicher: Die USA stehen in vielen Bereichen vor prinzipiellen Entscheidungen.

Eine der wichtigsten Entscheidungen betrifft die Frage: Wollen die USA weiterhin die Charta der Vereinten Nationen auch für sich selbst anerkennen, oder wollen sie unilateral handeln? Noch zu Zeiten der Regierung Bush sen. gab es in diesem Punkt kaum einen Zweifel. Aber schon während der nachfolgenden Regierung Clinton hat Amerika mehrfach gegen das multilaterale Prinzip verstoßen. Senator Jesse Helms, damals Vorsitzender des Auswärtigen Ausschusses im Senat und ein Gegner Clintons, ging am weitesten. Im Januar 2000 sagte er in einer Rede in der Kammer des Sicherheitsrates der UN: Wenn die UN ihre angemaßte *(presumed)* Autorität dem amerikanischen Volk ohne dessen Zustimmung auferlegen wollten, führe das zur Konfrontation und »schließlich zum Ausscheiden (der USA)«.

Die Regierung Bush jr. hat sich Anfang 2001, unmittelbar nach ihrem Amtsantritt, auf vielfache Weise von multilateralen Vertragssystemen gelöst und gegen solche verstoßen. Die im September 2002 durch Bush jr. erlassene Erklärung der »Nationalen Sicherheitsstrategie der USA« enthielt den eindeutigen Anspruch, ohne Rücksicht auf das Gewaltverbot der UN-Charta präventiv Kriege zu führen. Wenn in demselben Dokument ausdrücklich die militärische Vorherrschaft der USA für alle Zukunft beansprucht wurde, so lag darin allein noch nicht notwendigerweise ein Verstoß gegen die Charta. Da aber zugleich die Notwendigkeit von Präventivkriegen gegen Staaten betont wurde, die über Massenvernichtungswaffen (d. h. bis heute vor allem nukleare Waffen) verfügen, bekundet dieses erstaunliche Manifest nicht nur den Willen zum Alleingang, sondern nimmt auch die Rechtfertigung eventueller späterer unilateraler Kriege zum Zweck der Stabilisierung der eigenen Vormacht und damit des Verstoßes gegen die Charta der UN vorweg.

Es ist denkbar, daß spätere Präsidenten und ihre Administrationen es schwierig finden werden, von diesem Dokument abzurücken, auch wenn sie seine extremen Aussagen nicht billigen. Es ist jedoch auch denkbar, daß sie sich das Dokument oder seine Kernaussagen sogar ausdrücklich zu eigen machen – und daß sie die darin niedergelegte Weltpolitik Amerikas tatkräftig verfolgen. Die USA stehen vor der Wahl, entweder unilateral und ohne Rücksicht auf andere, auf die UN und auf potentielle Gegner, die Aufrechterhaltung ihrer singulären Supermacht-Position zur obersten Richtschnur ihrer Gesamtstrategie zu machen oder aber das weltumspannende Gefüge internationaler und multilateraler Institutionen einschließlich der UN zu nutzen, um zwar als Führungsmacht, aber kooperativ ihre Interessen durchzusetzen.

Wahrscheinlich wird es zu einer Mischung aus beidem kommen. Der von Bush jr. ausgerufene »Krieg gegen den Terrorismus« hat einstweilen keine kohärente amerikanische Strategie hervorgebracht. Weil der »Krieg« ohne konkreten Feind bleibt, handelt es sich um ein leeres Schlagwort, das nach Bedarf mit verschiedenen Inhalten gefüllt werden kann. In den konkreten Fällen Afghanistan und Irak haben die USA außenpolitisch-militärische Koalitionen mit anderen Staaten zustande gebracht; hier sind amerikanischer Unilateralismus und Multilateralismus also bereits eine Verbindung eingegangen.

Die Welt war bis in die neunziger Jahre ein multilateral agierendes Amerika gewohnt. Die meisten Staaten haben dann, wenn auch nicht einmütig, das von Amerika in den neunziger Jahren verfolgte Prinzip der gewaltsamen humanitären Intervention in souveräne Staaten in mehreren Fällen akzeptiert; die Definitionen der Voraussetzungen, der Ziele und Mittel solcher Interventionen blieben allerdings unscharf und umstritten. Nach dem bisher geltenden Völkerrecht ist eine humanitäre Intervention nur dann zulässig, wenn sie vom Sicherheitsrat der UN autorisiert ist.

Die Voraussetzungen für einen amerikanischen Präventivkrieg sind allerdings noch viel weniger scharf, sie sind absolut ungeklärt. Im Falle des Irak-Krieges hat den USA die bloße Behauptung genügt, der Irak verfüge über einsatzbereite Massenvernichtungswaffen. Washington und London haben die vom Irak ausgehenden Gefahren für die Welt stark übertrieben, um den von ihnen gewollten Krieg gegen den Irak zu rechtfertigen. Wenn Saddam Hussein tatsächlich über Raketen mit atomaren, chemischen oder biologischen Sprengköpfen verfügt hätte, wäre ein konventioneller Angriff auf den Irak eine leichtsinnige Gefährdung des Lebens von

Hunderttausenden gewesen; denn dann hätte man mit einem vernichtenden Gegenschlag Saddam Husseins rechnen müssen. Tatsächlich haben Washington und London einen atomaren oder chemischen oder biologischen Raketenschlag durch Saddam Hussein keineswegs für möglich gehalten; wohl aber haben sie der öffentlichen Meinung suggeriert, er besitze solche Waffen, und er sei verantwortungslos genug, sie zu benutzen.

Zwar hat sich eine größere Zahl von Regierungen etwas später dem amerikanischen Vorgehen angeschlossen, jedoch weniger aus Überzeugung von der Rechtmäßigkeit dieses Krieges als vielmehr aus Gründen der Opportunität in ihrem Verhältnis zu den USA. Zu einer allgemeinen Akzeptanz dieses völkerrechtlichen Präjudizes kam es nicht, im Gegenteil, die anderen Großstaaten haben sich ablehnend verhalten. Von den Staaten mittlerer Bedeutung haben sich, von England abgesehen, das sich von vornherein am Krieg beteiligte, Polen, Spanien, Italien, Japan und andere erst nach dem militärischen Sieg zur Beihilfe bei der Wiederherstellung geordneter Verhältnisse im Irak bereit gefunden. Selbst eine spätere Beteiligung der Vereinten Nationen am Wiederaufbau würde weder den Krieg noch das nachträglich verkündete amerikanische Kriegsziel der Umgestaltung des Mittleren Ostens völkerrechtlich legitimieren.

Amerika wird erkennen, daß es – zwar ungewollt, aber allzu leichtfertig – die Mehrheit der islamischen Gläubigen und weltweit die öffentliche Meinung (einschließlich aller christlichen Kirchen) gegen sich aufgebracht hat, vor allem die Mehrheit der Politiker in fast allen Parlamenten. Die Politiker haben ein vitales Interesse an der Aufrechterhaltung der Souveränität ihrer Staaten, an der Fortdauer der Ächtung des Krieges durch die Charta der UN und an der Funktionsfähigkeit der Vereinten Nationen und aller internationalen Verträge und Systeme, an denen ihr Land beteiligt ist. Dieses Interesse wurde in Washington offenbar unterschätzt, ein Fehler, der in Zukunft wahrscheinlich zu einer deutlichen Mäßigung der Sprache und der Lautstärke führen wird, mit der Washington zum Rest der Welt spricht. Man wird sich dann vielleicht auch an die berühmte Mahnung Theodore Roosevelts erinnern: »Sprich leise, da du einen großen Knüppel bei dir hast.« Wie weit Amerika aber zu einer primär multilateral ausgerichteten Außenpolitik zurückkehrt, bleibt einstweilen offen. Immerhin gibt das Veto-Recht im Sicherheitsrat den USA die Möglichkeit, in entscheidenden Fragen Beschlüsse der UN zu verhindern. Sicher ist jedoch, daß ein weitgehender Unilateralismus der USA unabsehbare Folgen haben wird für das Verhalten der meisten anderen Staaten, zumal Chinas und Rußlands.

Von nahezu gleichem Gewicht wie die Frage nach dem amerikanischen Verhältnis zu den UN ist die Frage: Will Amerika ein vereinigtes Europa als Partner oder als Vasall? Die im Laufe des Jahres 2002 eingetretene Entfremdung zwischen der öffentlichen Meinung in Amerika und der öffentlichen Meinung in weiten Teilen Europas war eine erste Folge des amerikanischen Unilateralismus. Gewiß war es außenpolitisch wenig rational, wie Chirac und Schröder auf die kriegerischen Reden des Präsidenten Bush jr. und auf die herablassenden und zugleich scharfmacherischen Tiraden einiger Wortführer der amerikanischen *neo-conservatives* (wie Wolfowitz, Perle oder Kagan) reagiert haben, zumal durch ihre Diplomaten im Sicherheitsrat der UN. Ebenso irrational war aber der amerikanische Versuch, den Kontinent in ein »altes« und ein »neues« Europa aufzuspalten. Auf beiden Seiten des Atlantik haben Regierungen zur Entfremdung beigetragen. Wenn auch inzwischen auf beiden Seiten eine Mäßigung des Tones eingetreten ist und neuerdings gern die »Gemeinsamkeit der Werte« hervorgehoben wird, so bleibt doch unübersehbar, daß der Irak-Krieg die von den Außenministern der Europäischen Union in vielen Reden und Erklärungen angekündigte »gemeinsame Außenpolitik« der EU ad absurdum geführt und der Atlantischen Allianz, ihren eingespielten kooperativen Mechanismen und ihrem funktionstüchtigen Apparat durch Mißachtung schwer geschadet hat.

Die Allianz ist ein Verteidigungsbündnis gewesen, dem der alte Feind Sowjetunion abhanden gekommen ist, während ein neuer Feind nicht existiert. Die Ausdehnung der NATO auf Polen und andere Staaten im Osten Mitteleuropas gibt diesen Nationen eine angesichts ihrer jahrhundertelangen Geschichte mit Rußland erwünschte und wichtige psychologische und politische Rückendeckung. Militärisch ist die Erweiterung der NATO ohne große Bedeutung – allerdings nur dann, wenn man davon absieht, daß die ostwärtige Verschiebung von NATO-Flugplätzen und -Basen in Moskau Beunruhigung auslöst.

Die USA stehen also nicht nur vor der Frage nach ihrem künftigen Verhältnis zur EU, sondern auch vor der Frage nach dem künftigen Zweck der Allianz und der NATO. Eine ehrliche amerikanische Antwort würde heute mehrere Elemente enthalten müssen, nämlich: Stabilisierung des geopolitisch-militärischen Machtbereichs der USA gegenüber Rußland, gegenüber dem Mittleren Osten und gegenüber China sowie Kontrolle der militärischen Kapazitäten der europäischen Staaten, darunter insbesondere Kontrolle Deutschlands. Der amerikanische Druck auf vermehrte Rüstungsanstrengungen der europäischen Bündnispartner hat allerdings kaum eine außenpolitische Logik. Auch wenn einige Europäer die hier skizzierten amerikanischen Zwecke der Allianz teilen, können sie an einer forcierten eigenen Aufrüstung in absehbarer Zeit kaum ein Interesse haben – es sei denn, sie wollten ihr Militär der weltpolitischen Strategie der USA zur Verfügung stellen. Es ist aber offensichtlich, daß eine Reihe europäischer Partnerstaaten einer wahrheitsgemäßen amerikanischen Antwort auf die Frage nach dem Zweck der Allianz nur mit erheblichen Einschränkungen zustimmen könnte.

Falls die Nordatlantische Allianz zu einem amerikanischen Instrument der politischen Kontrolle Europas zu verkommen droht, würde dies wahrscheinlich nicht nur in Frankreich Widerstand auslösen. Ebenso wahrscheinlich bliebe in diesem Falle jedoch die englische Gefolgschaft erhalten; dabei würde England sich das Interesse der USA zu eigen machen und die Europäische Union daran hindern, gegenüber Amerika eine europäische Eigenständigkeit zu entfalten. Je mehr Mitgliedsstaaten die EU aufnimmt, um so weniger wird dieses amerikanische Interesse gefährdet. Schon früh und immer wieder haben die USA aus ihren eigenen geostrategischen Interessen die EU zur Aufnahme der Türkei gedrängt; demnächst ist amerikanischer Druck zwecks Aufnahme der Ukraine, Armeniens, Jordaniens, sogar Israels und Ägyptens vorstellbar. Schon der NATO-Gipfel des Jahres 1999 deutete in diese Richtung.

Die USA müssen sich in absehbarer Zeit entscheiden, ob es in ihrem langfristigen Interesse liegt, Europa politisch von sich abhängig zu machen. Sofern diese Option bejaht und tatsächlich verfolgt werden sollte, würde eine dauerhafte Aufspaltung des alten Kontinents denkbar werden. Damit wäre ein Teil der amerikanischen Aktivitäten in Europa gebunden, denn Amerika muß damit rechnen, daß viele europäische Staaten sich einer offensichtlichen Fremdbestimmung nicht willig unterwerfen – außer England und wahrscheinlich Polen. Die polnische Haltung ist durchaus verständlich, da Polen fast ein Vierteljahrtausend zugleich aus dem Osten und aus dem Westen existentiell bedroht war und Amerika den Polen in dieser Zeit immer als Hort der Freiheit erschien.

So unklar die Strategie der USA gegenüber Europa ist – eine Unklarheit, mit der Amerika im übrigen leichter leben kann als die Europäische Union –, so unklar ist die amerikanische Strategie gegenüber dem Mittleren Osten. Auch sie läßt mehrere Möglichkeiten offen. Die gegenwärtig drängendste Frage lautet: Will Amerika eine Befriedung des Mittleren Ostens oder aber dessen gewaltsame Umgestaltung? Anders als in Europa wird es Amerika im Mittleren Osten aber bald sehr schwer

haben, den Zustand der Unklarheit länger aufrechtzuerhalten. Die USA haben eine breite, auch internationale Diskussion über Wege und Ziele ihrer Politik im Mittleren Osten nötig. Sofern diese Diskussion nicht zu Ergebnissen führt, kann man – auch wenn
der Vergleich mit Vietnam vorerst als Übertreibung
erscheint – sehr unerfreuliche und dramatische Entwicklungen nicht ausschließen, die sowohl die USA
als auch die arabischen Staaten als auch Israel treffen
werden.

Ohne die dominante militärische Position der USA
ist eine Beruhigung der Lage im Mittleren Osten schwer
vorstellbar; auch aus diesem Grund werden amerikanische Streitkräfte im Irak bleiben. Es ist jedoch eine missionarische Illusion zu glauben, einem arabischen oder
einem anderen muslimischen Staat eine funktionierende Demokratie von außen oktroyieren zu können;
der Versuch wird auch weiterhin auf Widerstand stoßen
und weiteren Terrorismus auslösen. Je früher die USA
die illusionäre Rhetorik aufgeben, um so besser; je länger sie daran festhalten, um so länger tragen sie ungewollt zu dem Feindbild bei, das nicht allein der ara-
bisch-islamistische Terrorismus verbreitet.

Möglicherweise dient es den strategischen Interessen Amerikas besser, wenn Washington sich einerseits
offen zu seinen Interessen bekennt – erstens: Aufrechterhaltung der kontinuierlichen Ölversorgung, zweitens: Sicherheit Israels, drittens: Vermeidung nuklearer Rüstung durch weitere Staaten – und andererseits
alle herabsetzende Rhetorik wie »Achse des Bösen«,
»Schurkenstaaten« und dergleichen unterläßt. Diese
Rhetorik erschwert Amerikas Freunden unter den Re-

gierenden in der Region unnötig ihre Abwehr des arabischen und islamistischen Fundamentalismus. Fast alle der Führer und Propagandisten islamistischer kämpferischer Organisationen haben sich inzwischen die Sache der Palästinenser zu eigen gemacht.

In den Augen der großen Mehrheit der arabischen Völker könnte Amerika respektiert werden, wenn es sich im israelisch-arabischen Streit friedensbildend bewähren würde. Der Zustand der von Israel besetzt gehaltenen palästinensischen Gebiete ist in den Augen vieler Araber – und ebenso vieler nichtarabischer Muslime – ein Beweis für die bösen Absichten des Westens allgemein und der USA im besonderen; zugleich dient der Konflikt vielen Oppositionsführern als Vehikel im innenpolitischen Kampf gegen die eigene Regierung, die mit Amerika kooperiert. Seit 1967 und abermals seit dem von Anwar el Sadat bewirkten Frieden zwischen Israel und Ägypten haben sich die USA der Einsicht verschlossen, daß ohne einen Frieden zwischen Israelis und Palästinensern alle ihre Anstrengungen den Mittleren Osten nicht werden befrieden können. Andererseits wird die Schaffung eines palästinensischen Staates westlich des Jordan einschließlich der notwendigen Garantien für die Sicherheit dieses Staates und zugleich für die Sicherheit Israels durch fortdauernde amerikanische (und internationale) militärische Präsenz allein noch keineswegs ausreichen, den Mittleren Osten zu stabilisieren. Die gleichzeitige Erreichung und Gewährleistung dieser strategischen Ziele bleibt für Amerika unter allen Umständen eine denkbar schwierige Aufgabe. Falls aber der israelisch-palästinensische Konflikt ungelöst bleibt, wird die Aufgabe zusätzlich erschwert – und ihre Lösung wahrscheinlich unmöglich gemacht.

Vermutlich hätten Amerikas militärische und finanzielle Mittel im Zusammenhang mit den freundschaftlichen Beziehungen Washingtons zu den Regierungen in Jerusalem, Kairo, Riad, Amman und Ankara jederzeit ausgereicht, eine schrittweise Lösung des Konfliktes herbeizuführen. Trotz der inzwischen enormen Zahl israelischer Siedlungen auf palästinensischem Territorium, außerhalb der israelischen Staatsgrenzen, steht diese Option den USA auch noch für absehbare Zeit offen. Die Lösung des Konfliktes würde übrigens eine fortdauernde militärische Präsenz der USA rechtfertigen.

Die Rivalitäten zwischen den übrigen Staaten der Region, vor allem aber die massenhaften sozialen und ökonomischen Mißstände bei schnell wachsenden Bevölkerungen und die daraus folgenden innenpolitischen Instabilitäten wären mit einer Friedenslösung in Israel/Palästina freilich nicht behoben. Dies gilt für Syrien und Palästina, es gilt auch für die ölreichen Staaten Irak, Iran und Saudi-Arabien. Insbesondere Saudi-Arabien, einstweilen der wichtigste Ölexporteur der Welt, erscheint gefährdet. Die ultrakonservative wahabitische Regierung gibt sich den USA gegenüber kooperativ, gleichzeitig aber finanzieren Teile der Elite den islamistischen Terrorismus; viele der islamistischen Kämpfer kommen aus diesem Land. Die USA verhalten sich bisher so, als sei ihnen dieser Tatbestand nicht bekannt. Im Ergebnis existiert eine nicht erklärte Allianz zwischen der wahabitischen Dynastie und den USA. Das religiöse Eiferertum der Wahabiten ist aber nicht prinzipiell verschieden von dem der schiitischen Kleriker, die im Iran die oberste Gewalt haben. Die innenpolitische Entwicklung Saudi-Arabiens ist kaum vorherzusehen; die USA werden nur sehr begrenzt Einfluß nehmen können. Weil aber die Ölversorgung der USA – und der ganzen Welt – jedenfalls auf Jahrzehnte hinaus stark von Saudi-Arabien abhängen wird, steht die amerikanische Diplomatie gegenüber diesem Land vor einer höchst diffizilen Aufgabe.

Die amerikanischen Eliten können nicht mehr lange der Alternative ausweichen: entweder Respekt und Dialogbereitschaft gegenüber dem Islam oder aber *clash of civilizations*. In der amerikanischen Geschichte hat es für die politische Klasse bisher kaum je einen Anlaß gegeben, sich des näheren mit der Weltreligion des Islam oder mit den Muslimen zu befassen. Die vier Kriege zwischen Israel und seinen Nachbarn haben in den USA – wie auch in Deutschland – große Sympathie für den zionistischen Staat, nicht jedoch Feindschaft zum Islam ausgelöst. Für die Amerikaner blieb der Islam noch weiter entfernt als für uns. Im Zuge der zahlreichen amerikanischen und internationalen Versuche, einen Prozeß zum Frieden in Gang zu setzen, hat sich die Distanz allmählich etwas verringert.

Die Anschläge der islamistisch-terroristischen El Qaida haben schlagartig eine große Aufmerksamkeit für den Islam geweckt. Mit der berechtigten Sorge vor dem Terrorismus und mit dem entschiedenen Willen zu seiner Abwehr ist jedoch keineswegs eine bessere Kenntnis des Islam, seiner Grundlagen und seiner Geschichte verbunden. Es besteht daher die Gefahr, daß man zwischen der Weltreligion des Islam und dem islamistischen Terrorismus einer Reihe von Organisationen und Gruppen nicht unterscheidet. Wenn es infolge einer oberflächlichen Identifizierung der islamischen Religion mit dem Terrorismus zu einer generellen Feindschaft gegenüber dem Islam schlechthin käme, wäre mit entsprechenden, gleicherweise simplifizierenden Reaktionen auf muslimischer Seite zu rechnen. Aus einem solchen gegenseitigen Sich-Hochschaukeln kann sowohl für Amerika – und für den Westen insgesamt – als auch für die Völker in den sechzig vom islamischen Glauben geprägten Staaten großes Unheil entstehen; und die islamistischen Terroristen würden triumphieren.

Deshalb steht der Westen insgesamt und die amerikanische Führungsmacht insbesondere vor der Notwendigkeit sorgfältiger Unterscheidung. In erster Linie gilt das für die Medien und für die Politiker. Es war richtig, daß Präsident Bush jr. – ebenso wie der Papst – kürzlich demonstrativ eine Moschee besucht hat. Aber auch zwei Schwalben machen keinen Sommer. Von einem allgemein verbreiteten Respekt gegenüber dem Islam – Respekt im Sinne von Ehrerbietung und Anerkennung – ist man in Amerika noch weiter entfernt als in Europa. Daraus ergibt sich eine Aufgabe von hoher politischer Qualität, zumal der Irak-Krieg zusätzliche Affekte freigesetzt hat. Von den geistlichen Führern des Islam darf eine entsprechende Anstrengung verlangt werden. Beide Seiten könnten sich die leuchtenden Beispiele religiöser Toleranz zu Vorbildern nehmen, die unter muslimischer Herrschaft im 10. Jahrhundert in Cordoba und unter christlicher Herrschaft im 13. Jahrhundert in Toledo einmalige kulturelle und wissenschaftliche Leistungen hervorgebracht und geistig die Renaissance vorbereitet haben.

Wohin auch immer die Politiker Amerikas – und der westlichen Welt insgesamt – tendieren, wie auch immer die geistlichen und die politischen Führer in den muslimisch geprägten Staaten sich einstellen, in jedem Fall muß Amerika sich über das Gewicht dieser Frage klarwerden. Sie kann sich ungewollt zu einer Jahrhundertentscheidung ausweiten, von der abhängen wird, wie sich das Verhältnis zwischen dem Islam und dem Westen langfristig entwickelt. Es kann daraus außerdem eine zusätzliche Kluft zwischen Amerika und Europa entstehen, denn der alte Kontinent beherbergt viele Millionen Muslime, Hunderte von Millionen leben unmittelbar angrenzend. Deshalb muß gute Nachbarschaft den Europäern viel stärker am Herzen liegen als den Amerikanern.

Die amerikanische Strategie gegenüber der Weltmacht Rußland ist ebenfalls unklar. Seit der islamistische Terrorismus die USA erreicht hat, ist die amerikanische Kritik an dem blutigen Bürgerkrieg in Tschetschenien fast vollkommen verstummt. Die Abwehr des islamistisch-separatistischen Aufstandes durch Putin – der den zerstörerischen Bürgerkrieg von Jelzin geerbt hat –, vor allem aber sein Verhalten im Fall Afghanistan haben in Amerika zu einer deutlich freundlicheren Haltung gegenüber Rußland geführt. Diese hatte sich schon 1997/98 angekündigt, als ein gemeinsamer Rat von NATO und Rußland geschaffen und Rußland zu den sogenannten Weltwirtschaftsgipfeln (G 7/G 8) eingeladen wurde. Hinzu kommt das gemeinsame Interesse an der Verhinderung weiterer Verbreitung nuklearer Waffen, das beide Seiten seit Breschnews und Nixons Zeiten kontinuierlich verfolgen und auch künftig verfolgen werden.

Gleichwohl erscheint die langfristige strategische Einstellung der USA gegenüber Rußland dem Kreml und der russischen Generalität als mindestens ambivalent. Allein die NATO-Erweiterung im Osten Mitteleuropas (vor allem durch Polen und die drei baltischen Republiken) mußte Mißtrauen auslösen. Inzwischen aber findet man amerikanische militärische Basen und Soldaten auch in Transkaukasien, im Irak, in Afghanistan, in Usbekistan und Kirgisistan, und schon seit Jahrzehnten ist die Türkei ein strategisch wichtiges NATO-Mitglied. Heute sieht Rußland sich im Westen und Süden von amerikanischen Stützpunkten umgeben, das ehemalige territoriale Sicherheitsglacis der Sowjetunion ist verschwunden. Wenn gleichzeitig in Washington davon geredet wird, die USA seien »Garantiemacht« für die ehemals sowjetrussischen, neuerdings souveränen Republiken in Zentralasien, dann erinnert man sich in Moskau daran, daß in den USA schon in den neunziger Jahren vom »geostrategischen Imperativ« einer amerikanischen Hegemonie über den »eurasischen Kontinent« (Zbigniew Brzezinski) geredet wurde.

Von Moskau aus erscheint die amerikanische Strategie gegenüber Rußland als expansiv, sie muß daher Mißtrauen auslösen. Objektiv gesehen hat die amerikanische Politik gegenüber Rußland seit dem Ende der Sowjetunion mehrfach gewechselt und ist insgesamt undeutlich zu nennen. Die USA sollten diese Tatsache erkennen und korrigieren. Sie sollten auch erkennen, daß der amerikanische Anspruch auf präventive Kriegführung das vitale Interesse Rußlands an der Aufrechterhaltung der Charta der UN und des Prinzips der Unverletzlichkeit souveräner Staaten empfindlich beeinträchtigt. Nicht zuletzt sollte man in Washington davon ausgehen, daß die nukleare Weltmacht Rußland sich prinzipiell ebenfalls zu präventiver Intervention berechtigt sieht, falls die USA ihren Anspruch auf Präventivkriegführung über den Irak hinaus tatsächlich verwirklichen sollten. Amerika ist für absehbare Zeit die einzige militärische Supermacht, aber einen ernsten Konflikt mit der nuklearen Weltmacht Rußland können sich die USA gleichwohl nicht leisten.

Amerika kann sich auch einen ernsten Konflikt mit der nuklearen Weltmacht China nicht leisten. China stimmt in seinem strategischen Interesse an der Aufrechterhaltung der Charta der UN und der Unverletzlichkeit souveräner Staaten voll mit Rußland überein – wie auch mit nahezu sämtlichen Staaten der EU. Darüber hinaus gibt es eine Reihe weiterer strategischer Interessengegensätze zwischen den USA und China. Die starke amerikanische Militärpräsenz in Japan, im Pazifischen Ozean, auf der koreanischen Halbinsel, die militärische Rüstung Taiwans durch Amerika, dazu die Vielfalt der amerikanischen nuklearen Raketenrüstung und neuerdings die militärische Präsenz der USA in Zentralasien: alle diese Aktivitäten haben schon vor Jahrzehnten chinesisches Mißtrauen ausgelöst. Die gegenseitige ideologische Feindschaft hat in gleicher Richtung gewirkt; in den letzten Jahren war jedoch eine gewisse Entkrampfung spürbar. Aus Sicht der

Chinesen ist die langfristige Strategie der USA gegenüber China undurchsichtig und gefährlich. Von Amerika aus ist die langfristige chinesische Strategie gleichfalls undurchsichtig. Aus japanischer Sicht erscheint China als gefährlich, zumal es über nukleare Raketen verfügt.

Nach der amerikanischen Öffnung gegenüber Peking durch Nixon und Kissinger Anfang der siebziger Jahre setzte sich schon zu Reagans Zeiten in Washington die Vorstellung durch, daß man es mit einem zukünftigen machtpolitischen Rivalen zu tun habe. Unter Bush sen. wurde diese Sicht, besonders durch Cheney und Wolfowitz, weiterentwickelt. Clinton sprach dann zwar von »strategischer Partnerschaft«, aber zu Beginn der Präsidentschaft von Bush jr. wurde dieser Begriff durch einen feindseligen Sprachgebrauch ersetzt, der den USA alle Optionen offenlassen sollte. Während des ersten Halbjahres 2001 erschien ein von den USA ausgelöster Kalter Krieg mit China als reale Möglichkeit. Nach den El-Qaida-Anschlägen hat die Notwehr gegen den islamistischen Terrorismus scheinbar zu einem abrupten Wechsel in der amerikanischen Chinapolitik und zu breiterer Kooperation mit China geführt, zumal Peking den Kampf gegen den Terrorismus diplomatisch unterstützte. Die schnell zunehmende außenwirtschaftliche Verflechtung der beiden großen Volkswirtschaften trug zur Annäherung bei. Gleichwohl kann diese Entspannung keineswegs den chinesischen Argwohn beseitigen, daß ein abermaliger Wechsel der amerikanischen Chinapolitik, verbunden mit einem neuerlichen Versuch, den machtpolitischen Rivalen klein zu halten, durchaus denkbar ist.

Dieser chinesische Argwohn wird durch die traditionelle amerikanische Unterstützung Taiwans immer wieder genährt, wobei der Kongreß in Washington verbal oft weiter geht als die jeweilige Administration. Weil die Zeit für China und nicht für Taiwan arbeitet, wird es auf längere Sicht zu chinesisch-taiwanesischen Verhandlungen und zu Zwischenlösungen kommen. Dem stehen keine primären Interessen der USA entgegen; deshalb erscheinen eine friedliche Handhabung und eine schrittweise Lösung der Taiwanfrage zwar zeitraubend, aber doch wesentlich weniger schwierig als etwa eine friedliche Lösung des Konfliktes zwischen Israel und den palästinensischen Arabern. Jedenfalls sollte die politische Klasse in Amerika wissen, daß die große Mehrheit der chinesischen Nation sich in einem etwaigen Konflikt wegen Taiwan hinter die kommunistische Führung stellen würde. Vielleicht sollte man sich in Amerika auch einmal fragen, wie die Nation reagieren würde, wenn es bei regelmäßigen chinesischen Aufklärungsflügen entlang der amerikanischen Pazifikküste zu einem Zusammenstoß mit einem amerikanischen Abfangjäger käme, wie vor einiger Zeit umgekehrt vor der Küste Chinas geschehen.

Hinsichtlich des Problems des nordkoreanischen Nuklearwaffenprogramms stimmen die USA und China strategisch im Grunde überein. Beide wollen aus vitalem eigenem Interesse eine atomare Rüstung des für beide Seiten undurchsichtigen, unberechenbaren Kim Jong Il verhindern. Dabei haben beide Seiten bisher durchaus verschieden operiert. Amerika schien lange auf einen Regimewechsel in Nordkorea zu zielen: Man drohte und nannte Nordkorea einen »Schurkenstaat«, einen Pol der *axis of evil*. China dagegen befürchtet, ebenso wie Südkorea und Japan, ein Kollaps auf der koreanischen Halbinsel könnte für sie selbst unabsehbare Folgen haben. Südkorea hat sich unter der *sunshine policy* seines früheren Präsidenten Kim Dae Jung um Entspannung bemüht, was aber von Washington mißbilligt wurde. China hat geholfen, zum Beispiel durch Getreidelieferungen eine Ernährungskatastrophe in Nordkorea zu verhindern. Der politische Einfluß Chinas in Pjöngjang war jedoch zu Deng Xiaopings Zeiten fast gleich null; er ist erst in den letzten Jahren ein wenig größer geworden. Tokio wiederum fühlt sich akut bedroht, nachdem Kim Jong Il 1998 nordkoreanische Raketen über das japanische Archipel hinweg abgeschossen und im Jahre 2002 einseitig den Nichtverbreitungsvertrag gekündigt hat.

Seit mehr als einem halben Jahrhundert, seit dem Koreakrieg, der insgesamt zweieinhalb Millionen Menschen – darunter 50000 Amerikaner – das Leben gekostet und mit dem Waffenstillstand entlang dem 38. Breitengrad geendet hat, liegt das geteilte Korea im Brennpunkt der amerikanischen strategischen Wachsamkeit. Während sowohl China als auch Rußland sich in den fünfziger Jahren aktiv auf seiten des nordkoreanischen Angreifers engagiert hatten, ist Nordkorea heutzutage nahezu vollständig isoliert. Weil diese Isolation Unberechenbarkeit einschließt, die in Peking, Seoul, Tokio, Moskau und Washington mit Recht als gefährlich eingeschätzt wird, ist eine sich auf Drohungen beschränkende Politik gegenüber Pjöngjang in ihren Folgen schwer kalkulierbar. Statt dessen ist es eine vernünftige Option, der regionalen Vormacht China die

Führung in einer multilateralen diplomatischen – und ökonomischen – Anstrengung anzuvertrauen. China und Südkorea verstehen die Situation und die Psychologie des nordkoreanischen Regimes wahrscheinlich wesentlich besser und können besser damit umgehen als andere Mächte.

Sofern eine Rüstung Nordkoreas mit nuklearen Raketen nicht verhindert werden kann, ist auf mittlere Sicht nicht auszuschließen, daß auch in Japan das Bestreben nach nuklearer Rüstung virulent wird. Eine derartige Entwicklung würde die potentiellen Gefahren in Ostasien um ein vielfaches steigern.

Amerika steht vor der Frage, ob es den ökonomischen Aufstieg Chinas zur Weltmacht und zur ostasiatischen Vormacht ertragen will – und ebenso den bislang relativ bescheidenen militärischen Aufstieg – oder ob die USA versuchen sollen, diesen Aufstieg zu behindern und zu bremsen. Möglichkeiten zur Kooperation bieten sich zunächst im Rahmen regionaler, multilateraler oder globaler Systeme, später auch auf Basis bilateraler Verträge. Dabei spielen die großen ökonomischen und sozialen Probleme Chinas eine wichtige Rolle; auf sie werde ich im dritten Teil dieses Buches ausführlicher eingehen. Soviel aber ist gewiß: Amerika kann den Aufstieg Chinas letztlich nicht verhindern. Ob die USA sich zu einer Strategie der Behinderung oder zur Möglichkeit der Kooperation entschließen: In beiden Fällen wird das Denkmodell einer amerikanischen Hegemonie über China ein Wunschtraum bleiben.

Führung durch Amerika?

Im vorigen Abschnitt sind die wichtigsten strategischen Entscheidungen benannt, welche die USA im Laufe der nächsten Jahre zu fällen haben. Sie betreffen China und den Fernen Osten, Rußland, den Islam und besonders den Mittleren Osten sowie – last but not least – Europa und die atlantischen Bindungen. Die betroffenen Mächte werden, gleichgültig ob ihnen die jeweilige Entscheidung willkommen oder nicht willkommen ist, nur in begrenztem Maße darauf Einfluß nehmen können. Zwangsläufig werden sie sich in einer durch amerikanische Entscheidungen veränderten Welt einrichten müssen. Aber sie werden auf die amerikanischen Entschlüsse reagieren. Politische und auch ökonomische Kontroversen und Konflikte, möglicherweise über Jahre anhaltend, sind dabei keinesfalls auszuschließen. Je nachdrücklicher und rücksichtsloser Amerika Führung beansprucht und ausübt, um so mehr Ablehnung und Widerstand kann es provozieren. Umgekehrt wird Amerika um so erfolgreicher sein, je mehr man in Washington und New York auf die Interessen der anderen Staaten Rücksicht nimmt. Präsident Bush jr. und seine Regierung haben ohne Not amerikanisches Ansehen in der Welt aufs Spiel gesetzt.

Gleichwohl ist amerikanische Führung auf vielen Gebieten unvermeidlich. Auf mindestens vier globalen Feldern ist sie nach meinem Urteil sogar dringend erwünscht, weil hier Autorität und Gewicht der anderen Industriestaaten, der vorhandenen internationalen Organisationen und der privaten transnationalen Verbände (Non-Governmental Organisations, NGO) offenkundig nicht ausreichen. Es handelt sich bei diesen Aufgabenfeldern im wesentlichen um Maßnahmen zur Eindämmung der im ersten Abschnitt des Buches beschriebenen »Globalen Gefährdungen« (vgl. oben S. 27ff.).

Amerikanische Initiative ist *erstens* erwünscht für den Komplex Bevölkerungsexplosion, Armut und Entwicklungshilfe. Alle bisherigen Anstrengungen der Weltbank und der Entwicklungshilfe durch die Industriestaaten sind unzureichend geblieben. Das im Jahre 2000 auf einem Weltgipfel gemeinsam beschlossene Ziel, bis zum Jahre 2015 die Zahl der von Armut betroffenen Menschen, das heißt der Menschen, die weniger verdienen als einen Dollar pro Tag, zu halbieren, wird weit verfehlt werden. Gleichzeitig gibt die Menschheit nahezu zwanzigmal soviel Geld in ihre Militärhaushalte wie in die Entwicklungshilfe; und zugleich steigen – fast überall ungebremst – die Bevölkerungszahlen in den unterentwickelten Staaten. Amerika ist das reichste Land der Welt, zugleich aber einer der Staaten, die am hartnäckigsten gegen die Gebote mitmenschlicher Vernunft verstoßen – beispielsweise bei den Agrarzöllen und -subventionen. Die Entwicklungshilfe der USA ist, gemessen am amerikanischen Sozialprodukt, geradezu beschämend gering. Im Jahre 2000 befaßte sich der amerikanische Kongreß ernsthaft mit diesem Problemkreis, bisher jedoch ohne konkrete Ergebnisse; die Administration Bush jr. hat sogar im Gegenteil Zahlungen zugunsten von Organisationen und Projekten verweigert, die Familienplanung (geplante Elternschaft) betreiben.

Eine Umkehr dieser negativen Trends in den USA, gar eine Rückbesinnung auf die großzügigen amerikanischen Initiativen nach dem Ende des Zweiten Weltkrieges würde der Welt ein positives Beispiel geben. In der zivilisierten Welt wird Führung zu einem guten Teil durch Beispiel ausgeübt – nicht durch Befehle.

Das *zweite* globale Feld, auf dem amerikanische Führung erwünscht ist, betrifft den komplexen Zusammenhang von Energieverbrauch und Schadstoffemission (vor allem Kohlendioxyd). Daß die Verbrennung von Kohlenwasserstoffen (Kohle, Erdgas, Öl, Holz usw.) und die dadurch bewirkte Freisetzung von Treibhausgasen erheblich zu der im Gang befindlichen globalen Erwärmung beitragen, wird von keinem vernünftigen Menschen mehr bezweifelt. Das gleiche gilt für die Erkenntnis, daß die globale Erwärmung schon im Laufe von einigen Jahrzehnten erhebliche, im einzelnen einstweilen noch ziemlich unberechenbare Veränderungen des Klimas, der ozeanischen Strömungen und des Meeresspiegels auslösen wird. Wegen der damit verbundenen großen Gefahren haben die Staaten 1992 in Rio de Janeiro eine Klima-Rahmenkonvention beschlossen. Auch die USA haben sie ratifiziert, später aber das auf dieser Basis von 98 Staaten ausgehandelte Kyoto-Protokoll gemeinsam mit Rußland abgelehnt; deshalb ist es bis heute nicht in Kraft getreten. Es gibt noch immer keine völkerrechtliche Verpflichtung zur Reduzierung des Ausstoßes von Treibhausgasen durch die Industriestaaten, infolgedessen ist auch keine spätere Verpflichtung der Schwellen- und Entwicklungsländer zu erwarten – ein verantwortungsloser Zustand.

Die USA sind der bei weitem größte Emittent von Treibhausgasen. Sie sind auch der größte Importeur von Erdöl. Infolge schnell wachsender weltweiter Nachfrage hat das OPEC-Kartell den Ölpreis, der noch in den neunziger Jahren im Mittel bei 17 Dollar pro Barrel lag, inzwischen mehr als verdoppeln können. (Bei Abschluß dieses Buches lag er bei weit über 40 Dollar!) Schon einmal – in den siebziger Jahren, zu deren Beginn der Ölpreis noch bei 1,80 Dollar lag – hat die OPEC eine Weltrezession ausgelöst; die Unsicherheit über die politische Entwicklung im Mittleren Osten wird die Unsicherheit des Ölpreises (und in dessen Gefolge des Erdgaspreises) in den nächsten Jahrzehnten zusätzlich verstärken.

Es wird Zeit, daß die USA die Initiative zur Entwicklung einer weltweit koordinierten Energiepolitik ergreifen, sie muß zugleich eine weltweite Klima- und Umweltschutzpolitik sein. Je länger der gegenwärtige vertragslose Zustand andauert, um so weniger ist zu erwarten, daß einzelne Staaten – an erster Stelle die USA selbst, aber auch Rußland, China, die EU u. a. – sich Beschränkungen zum Nachteil ihrer wirtschaftlichen Wettbewerbsfähigkeit auferlegen und daran festhalten.

Das *dritte* Feld, auf dem amerikanische Initiative und Führung wünschenswert erscheinen, ist die weltweite Ausbreitung von Waffen aller Art. Die USA haben eine Reihe von internationalen Verträgen gekündigt beziehungsweise abgelehnt oder nicht ratifiziert (darunter den ABM-Vertrag zur Begrenzung von Raketenabwehr-Systemen und den Atomteststoppvertrag CTB, vgl. oben S. 62); gleichzeitig entwickeln sie neue nukleare Waffen und neue Raketenabwehrsysteme. Das wird andere Atomwaffenstaaten und jedenfalls Rußland und China herausfordern, ein Gleiches zu versuchen. Ein abermaliger Rüstungswettlauf auf dem Gebiet nuklearer Raketen steht deshalb bevor. Er hat mit der Abwehr des Terrorismus überhaupt nichts zu tun, wohl aber verstoßen die beteiligten Atomwaffenstaaten sowohl gegen Zweck und Ratio des Nichtverbreitungsvertrages als auch konkret gegen dessen Artikel VI, der seit 1968 die Vertragsparteien »verpflichtet, in redlicher Absicht Verhandlungen zu führen über wirksame Maßnahmen zur Beendigung des nuklearen Wettrüstens in naher Zukunft und zur nuklearen Abrüstung«.

Das Ende des Kalten Krieges gibt der militärisch hoch überlegenen Supermacht USA eine außerordentliche, möglicherweise nicht wiederkehrende Gelegenheit, zur weiteren weltweiten Begrenzung der Rüstungen und vor allem des Waffenhandels die Initiative zu ergreifen. Wenn gleichzeitig angestrebt würde, die Entwicklung und Produktion chemischer und biologischer Waffen zu ächten und (zum Beispiel durch den Internationalen Strafgerichtshof) unter Strafe zu stellen, wäre dies ein unschätzbarer Dienst an der Menschheit.

In der Weltwirtschaft – damit komme ich zum *vierten* und letzten Punkt – ist die Macht der USA zwar weniger überragend als auf militärischem Gebiet. Gleichwohl nehmen sie auch in der Weltwirtschaft eine herausragende Position ein. Diese wird ihnen vermutlich über einige Jahrzehnte erhalten bleiben und erst später langsam abnehmen. Daß die Weltwirtschaft einige verläßliche Rahmenbedingungen nötig hat, wurde schon Mitte des 20. Jahrhunderts allgemein verstanden. Deshalb kam es – dank amerikanischer Initiative – zu den internationalen Institutionen des IMF, der Weltbank, des GATT (heute WTO) und der Internationalen Arbeitsorganisation (ILO). Seither hat die globale Verflechtung vieler Volkswirtschaften stark zugenommen, am stärksten auf den Gebieten der Finanzierung und der Kapital- und Geldströme. Wegen des immer noch überragenden Gewichtes der amerikanischen Volkswirtschaft und auch des Dollars (so zum Beispiel immer noch auf den Weltmärkten für Erdöl oder für Flugzeuge) liegt auf den USA eine hohe Verantwortung, globale Stabilität zu gewährleisten und globale Krisen zu verhindern. Amerika darf nicht vergessen, daß die weltweite Wirtschaftsdepression der frühen dreißiger Jahre 1929 von einem »Schwarzen Freitag« an der New Yorker Aktienbörse ausgelöst wurde.

Der wesentlich durch die USA (und durch John Maynard Keynes) geschaffene Weltwährungsfonds in Washington, die zur Eindämmung krisenträchtiger internationaler Verschuldung tätigen »Klubs« in Paris und London, auch die formlos-diskrete Zusammenarbeit der amerikanischen Zentralbank mit diesen Institutionen, mit der Bank für Internationalen Zahlungsausgleich in Basel (BIZ oder BIS), mit der Europäischen Zentralbank in Frankfurt und mit den wichtigen nationalen Zentralbanken haben bisher erfolgreich eine weltweite Kreditkrise und eine weltweite Währungskrise vermieden. Aber die globalen Turbulenzen, die in den siebziger Jahren infolge der Abschaffung fester Wechselkurse und der gleichzeitigen Ölpreisexplosion eingetreten sind, die ganz Ost- und Südasien umfassende Kredit- und Währungskrise der neunziger Jahre, schließlich kurz vor der Jahrhundertwende die von Amerika ausgehende Blase der *new economy* an den Aktienmärkten und ihr Zusammenbruch – all diese Finanzkrisen haben gezeigt: Die Weltwirtschaft ist keineswegs vor finanziellen Krisen sicher.

Die USA nehmen zur Finanzierung ihres außenwirtschaftlichen Defizits gegenwärtig rund drei Viertel aller Nettokapitalimporte der ganzen Welt auf. Ohne das strategische Interesse Amerikas (und vor allem des Finanzzentrums New York) wäre es kaum zu den ungewöhnlich umfangreichen kreditweisen Hilfsaktionen des IMF für Brasilien, Argentinien und die Türkei gekommen; von den über einhundert Milliarden Dollar Außenständen des IMF entfallen heute allein drei Viertel auf diese drei Staaten. Die globale finanzpolitische Verantwortung Amerikas ist unverkennbar. Dabei spielt übrigens die Sperrminorität, welche die USA als Anteilseigner im IMF besitzen, keine besonders wichtige Rolle.

Viel wichtiger sind das expansive Verhalten der amerikanischen privaten Finanzindustrie und das abermalige große doppelte Defizit im Haushalt und in der Außenwirtschaft der USA. Die Geschicklichkeit der unabhängigen Zentralbank – und ihrer in den letzten dreißig Jahren aufeinander folgenden Präsidenten Burns, Volcker und Greenspan – in der tatsächlichen und der psychologischen Ausbalancierung ihrer Dollar-

Geldpolitik mit einer höchst wechselvollen amerikanischen Budget- und Steuerpolitik und mit den instabilen konjunkturellen Stimmungen der Märkte ist in der Welt mit Recht anerkannt. Die enormen Haushaltsdefizite während der Präsidentschaften von Reagan und Bush jr. führten jedoch – aller unternehmerischen Begeisterung über die Steuersenkungen zum Trotz – zu einer latenten, zunehmenden Gefährdung für die Wirtschaft der Welt. Mittelfristig ist jedenfalls ein weiterer Rückgang der Dollar-Wechselkurse wahrscheinlich. Zwar ist die amerikanische Volkswirtschaft leistungsfähig und flexibel genug, um eine hohe binnenwirtschaftliche und eine hohe ausländische Verschuldung des Staates zu tragen und zu verzinsen. Die Weltwirtschaft jedoch kann auf die Dauer nicht hinnehmen, daß die Führungsmacht Amerika, die zugleich alle anderen an Wohlstand überragt, die außerhalb der USA stattfindende globale Kapitalbildung und die weltweiten Ersparnisse zu einem wesentlichen Teil für sich selbst beansprucht.

Die globale Wirtschaft braucht einen globalen finanzwirtschaftlichen Ordnungsrahmen. Dabei kann und sollte Amerika eine führende Rolle spielen – sofern die politische Klasse der USA das eigene Haus finanzpolitisch wieder in Ordnung bringt. Sofern dies aber nicht geschieht, wird es bei der gegenwärtigen weltweiten Praxis des *muddling through* – des Durchwurstelns – bleiben. Tatsächlich braucht die Welt ein zwar flexibles, im Grunde aber einigermaßen stabiles Verhältnis von Dollar, Euro und Yen – und etwas später Yuan! Tatsächlich darf der IMF nicht der allzeit bereite *lender of last resort* für zahlungsunfähige Staaten sein –

schließlich kann er kein Geld drucken; er ist auch nicht zuständig für die Aufgaben der Entwicklungshilfe. Hingegen gehört es zu seinen Hauptaufgaben, für weltweite Regeln der Sorgfalt und der Aufsicht über die private Finanzindustrie und ihre Märkte zu sorgen.

Nicht zuletzt braucht die globale Wirtschaft ein Minimum an Wettbewerbsregeln – sowohl für Banken und Unternehmen als auch für die Staaten selbst. In Industriestaaten müssen Subventionen für eigene Wirtschaftszweige und künstliche Hürden für den Import durch Wettbewerber unzulässig werden; vor allem müssen die Schutzmauern zugunsten der jeweils eigenen Landwirtschaft abgebaut werden. Und schließlich wäre es eine vorbildliche Wohltat angesichts der raubtierkapitalistischen Entartungen, wenn sich – diesseits aller staatlichen und gesetzgeberischen Aktivitäten – verstärkt auch amerikanische Banken und Unternehmen an Kofi Annans *Global Compact* und dessen neun Prinzipien zum Schutz der Sozial- und Umweltstandards und der Menschenrechte beteiligten. Bisher sind daran weltweit 1300 Mitglieder beteiligt, darunter aber nur 50 amerikanische Unternehmen.

Zusammengefaßt: Es gibt für Amerika vieles zu tun. Dazu gehört auch die Abwehr des islamistischen Terrorismus. Aber diese Aufgabe darf die Vielfalt der anderen Aufgaben nicht verdecken – und nicht die hohe Verantwortung Amerikas für die Zukunft der Welt.

III

DIE ENTWICKLUNG DER ANDEREN GROSSEN MÄCHTE

Historiker haben die Gewohnheit, die Geschichte nachträglich in Perioden einzuteilen und den Perioden einen sie kennzeichnenden Namen zu geben. So reden sie über Europa von Vorgeschichte, vom Altertum, vom Mittelalter und von der Neuzeit; sie unterteilen dann diese vier großen Zeitabschnitte auf vielfache Weise und sprechen zum Beispiel vom Frühmittelalter, vom Hoch- und vom Spätmittelalter. Für die Kunsthistoriker zerfällt die Neuzeit dann wieder in Barock, Rokoko, Klassizismus, Romantik, Biedermeier usw. Solche Kategorien sind nützlich für das Verständnis der heute Lebenden; wenn zum Beispiel vom französischen Impressionismus oder vom deutschen Expressionismus die Rede ist, so weiß man sofort, welche besonderen Stilmerkmale diese Periode kennzeichnen. Die Periodisierung der Vergangenheit kann jedoch auch in die Irre führen. Sie kann dazu verleiten, daß uns Ereignisse, einzelne Personen und ihr Handeln als Teil eines gesetzmäßigen geschichtlichen Ablaufs erscheinen. Der geschichtliche Prozeß wirkt dann insgesamt weitgehend zwangsläufig. Karl Marx, der ein glänzender Analytiker der englischen Industriegesellschaft des frühen 19. Jahrhunderts war, ist einer solchen Illusion ebenso erlegen wie etwa um die gleiche Zeit manche Amerikaner, die von Amerikas *manifest destiny* sprachen, von der mit Händen zu greifenden, zugleich schicksalhaften Aufgabe der USA, den ganzen Kontinent zu beherrschen; tatsächlich war die gewaltige und gewaltsame Ausdehnung der USA keineswegs zwangsläufig.

Geschichte wird von Menschen gemacht. Menschen treffen Entscheidungen, oft zu mehreren, teilweise in großen Gruppen, teilweise aber auch als einzelne. Es ist keineswegs sicher, daß es ohne die glänzende Führerpersönlichkeit Alexanders zur Hellenisierung des Vorderen Orients gekommen wäre; genauso ist nicht sicher, daß ohne den Präsidenten Thomas Jefferson binnen weniger Jahre eine Verdoppelung des Territoriums der USA stattgefunden hätte. Ohne Hitler hätte es weder die Nazi-Diktatur noch seinen Krieg noch den Holocaust gegeben.

Bestimmte Entwicklungen mögen nachträglich als zwangsläufig interpretiert werden. In jeder Gegenwart aber ist die Zukunft weitgehend offen. Zwar werden die Entscheidungen der handelnden Personen von vielen Faktoren beeinflußt, am Ende sind es aber doch persönliche Entschlüsse. Ohne den politischen Instinkt Deng Xiaopings und ohne seine Führungskraft hätte China kaum den Absprung aus der Periode der blauen Ameisen gewagt. Ohne Gorbatschows Entschluß zu Perestrojka und Glasnost wäre die mächtige Sowjetunion kaum binnen weniger Jahre implodiert. Niemand kann wissen, ob die Widerstandskraft der englischen Nation für einen Sieg über Hitler ausgereicht hätte, wenn nicht Churchill England geführt hätte und wenn ihm nicht Amerika unter der Führung Roosevelts zu Hilfe gekommen wäre. Auch heute und morgen gibt es unabwendbare Entwicklungen, zugleich aber persönliche Entscheidungen. Beide zusammen ergeben Geschichte.

In der Zeit des Kalten Krieges schien die Welt dreigeteilt. Dem mehr oder weniger demokratischen Westen stand der kommunistische Osten gegenüber, beide hochgerüstet, beide einander argwöhnisch belauernd, einer dem anderen zutiefst feindlich gesinnt. Es schien ein Gleichgewicht zwischen beiden zu bestehen. Daneben gab es drittens einen großen Teil der Welt, der mehr oder weniger neutral war und auch neutral bleiben wollte; man nannte ihn die »Dritte Welt«. Diese Dreiteilung ist gegen Ende des 20. Jahrhunderts verschwunden. Manche Staaten und Nationen, die bis dahin fest in eines der Systeme eingebunden waren, haben seither Entscheidungsfreiheiten gewonnen. Zu Beginn des neuen Jahrhunderts stehen sie vor der Möglichkeit, sich zwischen Alternativen entscheiden zu können. Oder scheint es nur so? Die Zukunft jedenfalls ist unübersichtlicher geworden.

China und der Ferne Osten

China hat in der zweiten Hälfte des 20. Jahrhunderts seine Rolle in der Welt auf ein neues Fundament gestellt und dadurch grundlegend verändert. Mao Zedong war es gegen Ende des Zweiten Weltkrieges gelungen, die anderthalb Jahrhunderte andauernde Periode der Demütigung und der weitgehenden Beherrschung Chinas durch Europäer, Amerikaner und Japaner zu beenden. Zugleich hatte er China gegenüber der Außenwelt weitgehend abgeschottet. Nach Maos Tod traf Deng Xiaoping die doppelte ökonomische Entscheidung, das Land zu reformieren und es zugleich gegenüber der Außenwelt zu öffnen. Weil er ein Mann der praktischen Vernunft war, nicht von fixen Ideologien geleitet, hat er beide Entscheidungen keineswegs mit den Methoden einer Revolution umgesetzt, sondern durch viele kleinere Schritte, alle zielstrebig in die gleiche Richtung führend. Wer China noch zu Zeiten Mao Zedongs kannte und heute abermals nach Peking, Shanghai oder Kanton kommt, muß über den fast unglaublichen wirtschaftlichen und technologischen Fortschritt der letzten Jahrzehnte staunen.

Ich habe im Laufe der letzten drei Jahrzehnte China viele Male besucht und die schrittweise ökonomische

Evolution miterlebt. Seit fast zwei Jahrzehnten gibt es ein Wachstum des Sozialproduktes in der Größenordnung von acht Prozent pro Jahr; dergleichen ist in der ganzen Welt ohne Beispiel. Ich habe auch die entsprechenden Veränderungen der Mentalität miterlebt. War 1975 noch ein ökonomischer Inferioritätskomplex gegenüber Japan spürbar gewesen, so hat inzwischen die selbstbewußte Gewißheit Platz gegriffen, die Größe des japanischen Sozialproduktes binnen weniger Jahrzehnte zu erreichen und sodann zu überholen. Während in den siebziger Jahren jedermann gezwungen war, die maoistisch-kommunistische Litanei zu lernen und herzusagen, ist heute ideologisch weitgehend ein Vakuum entstanden. Ein Land, in dem riesige Banken, große Konzerne und Wertpapierbörsen die Wirtschaft mit Krediten und Kapital versorgen, und eine Gesellschaft, in der viele einzelne Personen als große und kleine Unternehmer die Wirtschaft vorantreiben und dabei noch selbst wohlhabend werden, haben naturgemäß keine Verwendung für kollektivistische Ideen ursprünglich sowjetischer Herkunft. Wenn heute in den vom Aufschwung erfaßten Provinzen eine in der Welt beispiellos hohe private Sparrate registriert wird, so ist dies die millionenfache private Konsequenz einer fehlenden öffentlichen Altersversorgung, aber es ist zugleich Ausdruck eines ungewöhnlich hohen allgemeinen Vertrauens in die weitere Entwicklung der Wirtschaft und in die Stabilität der Kaufkraft der chinesischen Währung.

In den küstennahen Provinzen im Osten und im Süden erleben Hunderte von Millionen Chinesen einen in der Weltgeschichte höchst ungewöhnlichen Ausbruch von Vitalität. Die Geschichte Chinas verzeichnet mehr als dreitausend Jahre kultureller Entfaltung; wie man heute weiß, war das Land noch gegen Ende des europäischen Mittelalters in seinen Zivilisationsleistungen den Europäern überlegen. Damals gab es allerdings keine direkten Vergleichsmöglichkeiten – trotz Seidenstraße und Marco Polo. In der Neuzeit haben zunächst die Europäer, dann die Amerikaner, zuletzt die Japaner die Chinesen überholt. Sie haben kraft ihrer technischen und militärischen Überlegenheit, durch die Opiumkriege sowie durch die Entwicklung von Kolonien und »Konzessionen« entlang der chinesischen Küste das Land weitgehend unter ihre Kontrolle gebracht. Kaum war diese Ära am Ende des Zweiten Weltkrieges beendet, machte sich in Amerika, in Japan, in Rußland und zum Teil auch in Europa Furcht vor China und einem kommunistisch-chinesischen Imperialismus breit.

Die neue wirtschaftliche Vitalität Chinas hat in den USA vor etwa zehn Jahren zu der Vorstellung geführt, China sei ein zukünftiger strategischer und sogar militärischer Rivale. Ist die Sorge vor künftiger militärischer Macht und Machtmißbrauch durch das nuklear bewaffnete China berechtigt? Ich kann diese Frage einstweilen mit Überzeugung verneinen. Denn mindestens für einige Jahrzehnte steht jede chinesische Führung vor so gewaltigen Problemen und Aufgaben im Innern des riesigen Landes, daß sie jedem vermeidbaren strategischen Risiko aus dem Wege gehen wird. China hat keine vernünftige Alternative zum Vorrang seiner Innenpolitik.

In wenigen Jahrzehnten wird die Größe des chinesi-

schen Sozialproduktes weltweit die zweite Stelle ein-
nehmen. Was den Lebensstandard seiner Bevölkerung
angeht, wird China aber noch lange ein Entwicklungsland bleiben. Es war richtig, die wirtschaftlichen Reformen und die Öffnung des Landes von der Küste aus
zu beginnen. Dort gab es noch Reste unternehmeri-
scher Traditionen, die aus dem Seehandel stammten;
die Häfen ermöglichten den Wirtschaftsaustausch mit
den Auslandschinesen in Hongkong und Taiwan, mit
denen alte Verbindungen relativ leicht revitalisiert
werden konnten. Die in Küstennähe errichteten Son-
derwirtschaftszonen waren im übrigen so klein, daß
das Experiment jederzeit überschaubar blieb und im
Falle von Fehlschlägen hätte abgebrochen werden
können.

Der alte schwerindustrielle Nordosten, das gewaltige Innere des Landes und der Westen mußten angesichts dieser Entwicklung zwangsläufig zurückbleiben.
Dort arbeiten dreihundert bis vierhundert Millionen
Menschen in alten Staatsbetrieben, die zum Teil sehr
groß, aber allesamt unwirtschaftlich sind; sie haben
den weitaus größten Teil der faulen Kredite der großen
staatlichen Banken zu verantworten, die sie nur unzureichend oder gar nicht verzinsen und tilgen können.
Um sie zu modernisieren oder durch neue Betriebe zu
ersetzen, fehlt es meist an Infrastruktur, besonders an
Eisenbahnen und Autostraßen; ohne sie ist die Schaffung rentabler neuer Arbeitsplätze stark beeinträchtigt.
Gleichzeitig werden in den nächsten Jahren mindestens hundert Millionen Menschen aus der Landwirtschaft und den Dörfern in die Städte umsiedeln; für
sie werden Arbeitsplätze und städtische Infrastruktur

benötigt. Schon heute hat Chungking, die größte Stadt Chinas, rund dreißig Millionen Einwohner, Peking gut halb so viele.

Zwar liegt der Lebensstandard in manchen der großen Städte bis zu zehnmal so hoch wie auf dem Land. Aber nirgendwo gibt es eine ausreichende öffentliche Versorgung der Alten und der Arbeitslosen. Jedes Jahr gelangen zusätzlich 15 oder 16 Millionen junger Menschen auf den Arbeitsmarkt. Das System der Banken, das für die Kreditversorgung aller Unternehmen, der alten und der neuen, sorgen muß, ist mit Unsummen von faulen Krediten belastet, die statt Zinsen nur Verluste einbringen. Und nicht genug mit diesen strukturellen Problemen: Kein vernünftiger Mensch kann erwarten, daß sich ein jährliches Wirtschaftswachstum von acht Prozent noch für viele Jahrzehnte aufrechterhalten läßt. Auch China stehen wirtschaftliche Krisen bevor, nicht zuletzt in der Versorgung mit Energie und Wasser.

Zu den gravierenden ökonomischen Problemen kommt ein schwerwiegendes ideologisches Problem hinzu. Die jungen Leute in den großen Städten, zum Beispiel in den drei Flußdeltas des Hoangho, des Jangtse und des Perlflusses, sind begeistert von westlichen Konsumstandards – Fernsehen, Handys, Internet usw. – und von den neuen wirtschaftlichen Freiheiten. Aber die alte kommunistische Begriffswelt ist ungeeignet für den Umgang mit diesen neuartigen Phänomenen. Wenn die heute 25jährigen zehn Jahre älter sein werden, stehen sie vor der Frage, nach welchen Prinzipien sie den Sohn oder die Tochter erziehen sollen. Es ist sehr wohl vorstellbar, daß sie zu den ethischen Prinzipien des Konfuzius zurückkehren werden, die sich ergänzen und den heutigen Umständen anpassen lassen. Vor Jahren habe ich einmal im Gespräch mit Deng Xiaoping bemerkt, halb im Ernst, halb im Scherz, eigentlich sei die Kommunistische Partei Chinas doch eine konfuzianische Partei. Deng hat nur gesagt: »So what?« Tatsächlich spielen die konfuzianischen Werte im Umgang der Chinesen miteinander eine viel größere Rolle, als offiziell anerkannt wird. Der Zusammenhalt der Familie, der Respekt vor dem Alter, die gute Ausbildung der Kinder, Fleiß und Sparsamkeit – sogar die Pflichten und die Verantwortung der Regierenden gegenüber dem Volk, all das sind in China seit Jahrhunderten überlieferte Werte.

Die Kommunistische Partei Chinas balanciert heute zwischen Konfuzianismus, Kommunismus und Kapitalismus. Manchem der heute in China lebenden Intellektuellen dauert dieser Balanceakt zu lang. Insbesondere diejenigen, die in Amerika oder Europa studiert haben, neigen eher zu einem Amalgam aus Konfuzianismus und Demokratie. Manche der älteren Dissidenten wissen aber, daß sie der Entwicklung Zeit lassen müssen. Weil es in China nie eine allgemeine Religion gegeben hat, erscheint mir ein moderner Konfuzianismus heute als diejenige Weltanschauung, die das ideologische Vakuum wahrscheinlich gut ausfüllen könnte. Schließlich zehren wir Europäer auch nicht allein vom Christentum und von Paulus, sondern ebenso von der klassischen Philosophie der Griechen und Römer. Konfuzius ist nur ein wenig älter, sein Nachfolger Mencius nur ein wenig jünger als Plato und Aristoteles oder die Stoiker.

Manche Amerikaner und einige europäische Intellektuelle (und in Deutschland einige Grüne) halten sich für moralisch legitimiert, den Chinesen Vorhaltungen, ja schwere Vorwürfe in Sachen Demokratie und Menschenrechte zu machen. Es fehlt ihnen an Respekt vor einer in Jahrtausenden gewachsenen anderen Kultur. Es fehlt ihnen auch das Bewußtsein dafür, daß über der mühsamen Entwicklung der westlichen Kultur und über ihrer eigenen Geschichte gleichfalls schreckliche Schatten liegen. Wer die Chinesen kritisiert, sollte sich an die erst wenige Generationen zurückliegende weitgehende Ausrottung der Indianer, an die Sklaverei, an den amerikanischen Bürgerkrieg und an Vietnam erinnern – und an die Nazi-Zeit.

Die Überzeugung von der kategorischen Überlegenheit der eigenen Religion, der eigenen Moral, der eigenen Kultur oder der eigenen Lebensweise hat im Laufe der Weltgeschichte vielfach zu blutigen Konflikten geführt. Die kriegerischen Züge des Islam oder die gewaltsame Christianisierung großer Teile der Welt, mit dem Schwert in der rechten und dem Kreuz in der linken Hand, sind die hervorstechendsten Beispiele. Die andauernden Kämpfe zwischen Hindus und Muslimen in Teilen des südlichen Asiens oder zwischen Israelis und Muslimen sind Beispiele aus unserer eigenen Zeit. Der Terrorismus islamistischer Fundamentalisten ist das allerjüngste Beispiel. Fast immer und überall geht es dabei zugleich um Macht. Macht und Besitz der anderen sollen verschwinden, die eigene Macht muß ausgedehnt werden. Nach diesem Muster sind fast alle großen Reiche verfahren, ebenso die großen Eroberer von Alexander bis zu Dschingis-Khan, von Pizarro bis zu

Stalin oder Hitler. Nach diesem Muster entstanden in der Neuzeit die Kolonialreiche der europäischen Nationen.

Das Reich der Mitte, der große Staat der Han-Chinesen, scheint – über drei Jahrtausende hinweg – eine Ausnahme darzustellen. Vielleicht liegt darin eine der Ursachen für seine ungewöhnlich lange Lebensdauer. Das Fehlen einer das ganze Volk umfassenden Religion oder gar einer Staatsreligion ließ, so scheint es mir, kein Verlangen nach einer Missionierung der benachbarten Völker aufkommen. Jedenfalls hat das chinesische Großreich während seiner langen Geschichte wesentlich schwächere Tendenzen zur Expansion erkennen lassen als alle anderen Großreiche der Geschichte. China hat sich zumeist mit Respektsbezeugungen und Tributzahlungen begnügt.

Natürlich gab es – und gibt es – Ausnahmen; dabei denkt man zum Beispiel an Tibet. Man erinnert sich an Maos Unterstützung der kommunistischen Herrschaft in Nordkorea und Vietnam oder an die kommunistische Infiltration in andere asiatische Länder. Mao hielt einen sowjetischen Angriff auf China für möglich; er setzte für diesen Fall auf die hohe zahlenmäßige Überlegenheit der Chinesen. Vor diesen Massen hatte Breschnew durchaus Respekt und sogar Angst. Heute gehören derartige Überlegungen der Vergangenheit an. In Ost- und Südostasien gibt es kaum Ängste vor den chinesischen Massen.

Wohl aber gibt es Ängste vor der wachsenden wirtschaftlichen Überlegenheit der Chinesen und vor der Ersetzung eigener Arbeitsplätze durch Arbeitsplätze in China. Solche Ängste sind verständlich, zumal in den letzten Jahren der Export chinesischer industrieller Erzeugnisse in die asiatischen Märkte stark zugenommen hat. Immerhin hat Peking in den neunziger Jahren, während der allgemeinen südostasiatischen Währungskrise, der Versuchung zu einer Abwertung des Yuan und damit einer Verbilligung seiner Exporte widerstanden. Gleichzeitig steigen die chinesischen Importe aus Japan, Korea und dem gesamten südostasiatischen Raum.

Von ganz anderer Art sind die tiefsitzenden Besorgnisse, die in Japan eine erhebliche Rolle spielen. Viele gebildete Japaner haben einen verborgenen, ihnen selbst weitgehend unbewußten kulturellen Minderwertigkeitskomplex gegenüber China. Sie wissen, daß sie ihre Schriftzeichen, große Teile ihrer Kultur und ihrer Kunst, auch ihren Konfuzianismus den Chinesen verdanken; vieles ist vor langen Zeiten aus China direkt, manches auf dem Weg über Korea nach Japan gelangt. Daneben gibt es einen gleichfalls im Unterbewußtsein der Japaner vorhandenen Schuldkomplex wegen der Besetzung der chinesischen Mandschurei und schließlich immer größerer Teile Chinas und wegen der von ihnen dabei ausgeübten Grausamkeiten; bei manchen Japanern reicht der Schuldkomplex zurück bis zur Annexion Taiwans im Jahre 1895.

Nach ihrer totalen Niederlage im Zweiten Weltkrieg ist den Japanern ein erstaunlicher wirtschaftlicher Wiederaufstieg gelungen. Daraus resultierte in den siebziger und frühen achtziger Jahren zunächst ein verständliches ökonomisches Überlegenheitsgefühl, mit dem sich der kulturelle Inferioritätskomplex und auch der Schuldkomplex kompensieren ließen. In den letzten anderthalb Jahrzehnten, in denen die japanische Wirtschaftsentwicklung sich deutlich verlangsamt hat, ist die Vorstellung einer japanischen Überlegenheit über den Rest der industriellen Welt wieder geschwunden; man hat in Japan inzwischen sogar verstanden, daß Chinas Volkswirtschaft in einigen Jahrzehnten die japanische Wirtschaft vom zweiten Platz verdrängen wird. Neuerdings breitet sich in Japan außerdem die Erkenntnis aus, eine im Gegensatz zu China überalternde, schrumpfende Nation zu sein. Die Komplexe im Verhältnis zu den chinesischen Nachbarn bestehen unverändert fort.

Die japanische Nation hat nur wenige Freunde in der Welt. Das ist teilweise zurückzuführen auf die Jahrhunderte andauernde Selbstisolierung unter den Tokugawa-Shogunen, mehr noch auf den späteren Imperialismus, der allen Nachbarn übel mitgespielt hat und den die Nachbarn im Gedächtnis behalten haben. Ausschlaggebend ist aber die Unfähigkeit der Japaner, die Eroberungen und Verbrechen von einst als solche anzuerkennen und zu bedauern. Auch in Japan leben nur noch wenige Menschen aus der Kriegsgeneration, sie sind alle längst im Ruhestand. Aber immer noch verehrt die Mehrheit der politischen Klasse demonstrativ die ehemaligen Kriegshelden und auch einige militärische Führer, während die Kriegsopfer kaum erwähnt werden und schon gar nicht die Opfer auf seiten der von Japan angegriffenen Völker. Wenngleich es einige Ausnahmen gibt, wie zum Beispiel den nur kurze Zeit amtierenden Premierminister Murayama, so herrscht doch bei allen Nachbarnationen die Überzeugung, die Japaner wollten nicht um Entschuldigung bitten –

am stärksten in Korea, aber eben auch in China. Die Ablehnung Japans ist in Ost- und Südostasien allgemein.

Aus chinesischer Sicht kommt erschwerend das militärische Bündnis zwischen Japan und den USA hinzu. Die chinesische Führung hat sich in den letzten Jahrzehnten zwar um eine Normalisierung der Beziehungen zu Japan bemüht, vor allem auf ökonomischem Gebiet; aber das unterschwellige Gefühl, von den USA mit Hilfe Japans eingekreist zu sein, ist nicht gewichen. Amerikanische Streitkräfte und Stützpunkte in Japan, Südkorea, Pakistan und Afghanistan, in Usbekistan und Kirgisistan, dazu die 3. US-Flotte im Pazifik plus Hawaii und Guam vermitteln der chinesischen Führung den Eindruck, von amerikanischer militärischer Macht umgeben zu sein. Peking hat darauf bisher – *nolens volens* – zurückhaltend reagiert. Der chinesisch-russische Freundschafts- und Kooperationsvertrag aus dem Jahr 2000, der zu Zeiten Maos und Breschnews noch undenkbar gewesen wäre, ist eine der Konsequenzen. Im Verhältnis zwischen China und Japan ist von beiden Seiten keine wesentliche Annäherung zu erwarten.

In den neunziger Jahren habe ich einmal einem japanischen Politiker in einer Unterhaltung über die strategische Lage Japans vorgehalten, die mit den USA damals zusätzlich verabredete Interpretation der militärischen Zusammenarbeit zwischen beiden Staaten gehe weit über die japanischen Sicherheitsinteressen hinaus. Mein Freund hat widersprochen: Es gehe tatsächlich um die Verteidigung Japans. Ich darauf: Wer könnte Euch denn angreifen wollen? Darauf er, etwas irritiert über meine ihm naiv erscheinende Frage: China natürlich. Darauf fragte ich, leicht polemisch: Wann zuletzt hat eigentlich ein chinesischer Kaiser seine Soldaten Japan angreifen lassen? Darauf hat mein Freund nichts mehr erwidert, aber ganz sicher habe ich ihm keinen Zweifel an seiner festen Überzeugung eingepflanzt. Mir ist jene Unterhaltung als symptomatisch in Erinnerung. Theoretisch wäre ein Prozeß der Lösung Japans aus seiner einseitigen Bindung an die USA denkbar. Tatsächlich hingegen hat Japan diese Alternative nicht, die Mentalität seiner politischen Klasse schließt sie aus. Die totale Niederlage im Krieg gegen die USA hat Japan und vornehmlich die politische Klasse psychologisch in hohem Maße von Amerika abhängig gemacht; die anhaltende Animosität aller Nachbarvölker gegen Japan trägt zu dieser Abhängigkeit bei.

Die Gewißheit, daß China zu einer wirtschaftlichen und später auch zu einer militärischen Supermacht aufsteigen wird, führt nicht nur in Japan, sondern auch in anderen Ländern zu manchen Besorgnissen. Der Singapurer Staatsmann Lee Kuan Yew hat deshalb schon vor einem Jahrzehnt festgestellt, in Ost- und Südostasien seien die USA die am wenigsten beargwöhnte Weltmacht. In China selbst und viel mehr noch in den USA spielt die Erwartung einer späteren Konkurrenz zwischen diesen beiden Giganten allerdings eine große Rolle. In China wird die Diskussion darüber eher leise und diskret geführt, in Amerika dagegen durchaus öffentlich; ziemlich unverblümt sprechen manche strategische Denker in Washington davon, man müsse rechtzeitig eine amerikanische Kontrolle über den ganzen »eurasischen Kontinent« etablieren. Das Attentat der El Qaida und die Gemeinsamkeit der Interessen bei der Abwehr des internationalen Terrorismus haben einstweilen zu einer Beruhigung im amerikanisch-chinesischen Verhältnis geführt. Auf längere Sicht muß man aber mit einer offenen Konkurrenz zwischen der etablierten Supermacht USA und der aufsteigenden Weltmacht China rechnen.

So verschieden die kulturellen Entwicklungen, Überlieferungen und Prägungen Amerikas und Chinas sind, so geringfügig sind auf beiden Seiten die Kenntnisse über den jeweils anderen und seine Geschichte. Die Elite und die politische Klasse der einen Nation hat nur ganz rudimentäre Vorstellungen von der anderen. Gewiß gibt es in den USA mehr Gebildete und Spezialisten, die eine gute Vorstellung vom Wesen Chinas und seiner kulturellen Entfaltung haben, als umgekehrt; bei der jüngeren Generation allerdings sind heute wahrscheinlich die Chinesen im Vorteil. Auf die Gesamtbevölkerung bezogen ist das Wissen auf beiden Seiten jedoch sehr gering, Vorurteile dominieren. In einer solchen Lage können die elektronischen Massenmedien leicht feindliche Stimmungen erzeugen, wenn sich ein Anlaß bietet.

Konkrete Anlässe für Kontroversen zwischen beiden Mächten werden sich vielfältig ergeben. An der Spitze steht der Interessenkonflikt über Taiwan. Diese Insel war jahrhundertelang ein Teil Chinas. Als sie nach einem halben Jahrhundert japanischer Okkupation 1945 an China zurückfiel, wurde sie alsbald zur Zuflucht für den von Mao Zedong vertriebenen Tschiang Kai-schek. Er nahm nicht nur die bedeutenden kaiserlichen Kunstschätze mit, sondern auch das chinesische

Veto-Recht im Sicherheitsrat der UN. Die USA haben die De-facto-Separation Taiwans vom Mutterland kräftig unterstützt und die Insel militärisch aufgerüstet; dem taiwanesischen Wunsch nach Anerkennung der Souveränität haben sie jedoch nicht nachgegeben. 1971 hat Washington die Rückkehr des chinesischen Veto-Rechtes in die Hände des fünfzigmal so volkreichen Mutterlandes akzeptiert. Aus amerikanischer Sicht ist Taiwan ein wichtiger Stützpunkt des machtpolitischen Netzwerkes der USA in Ostasien; eine gewaltsam herbeigeführte Rückkehr Taiwans unter die Obhut des Mutterlandes glaubt man deshalb notfalls militärisch verhindern zu müssen. Von Peking aus gesehen ist die Rückkehr Taiwans selbstverständliches Recht und darüber hinaus ein überragendes nationales Ziel. In Taiwan selbst sind die Meinungen geteilt: Einige erstreben Souveränität, andere denken an eine Rückkehr erst dann, wenn in China die gleichen Freiheiten und der gleiche Wohlstand erreicht sind wie auf der Insel; viele Geschäftsleute aber haben in Erwartung einer Wiedervereinigung bereits einen Teil ihres Kapitals im Mutterland investiert und machen dort gute Geschäfte.

Es hat in den letzten Jahrzehnten wegen der Taiwan-Frage immer wieder Konfrontationen und Krisen, aber auch Phasen der Entspannung gegeben; dies wird auch in Zukunft so bleiben. Keine chinesische Führung hat eine andere Alternative, als weiterhin geduldig auf den eigenen Zuwachs an Wohlstand und Macht zu vertrauen, zugleich aber energisch auf ihrem Recht zu beharren und vor taiwanesischen Souveränitätsansprüchen zu warnen. In der Tat könnte, zumal wegen des in China weitverbreiteten patriotischen Stolzes, eine amerikanische Anerkennung der Souveränität Taiwans katastrophale Folgen haben.

Die USA haben die theoretische Alternative, schrittweise ihre militärische und ökonomische Unterstützung Taiwans abzubauen. Aber nur ein weitblickender Staatsmann könnte eine solche Wende wagen; sie würde nur dann als im amerikanischen Interesse liegend empfunden werden, wenn es zu einer grundlegenden Veränderung im Verhältnis zwischen Amerika und China käme. Für die nächsten Jahrzehnte erscheint mir dies recht unwahrscheinlich, nicht jedoch unmöglich.

Inzwischen wird China voraussichtlich gute Nachbarschaft zu Südkorea und zu den Staaten Südostasiens pflegen und sich an ASEAN (Association of South-East-Asian Nations) anlehnen. In großen Teilen Ost- und Südostasiens (die hervorstechendsten Ausnahmen sind Myanmar-Burma und Nordkorea) haben die ökonomischen Erfolge zunächst Japans, sodann Südkoreas, Taiwans, Singapurs und Hongkongs und zuletzt der – bereits seit zwei Jahrzehnten sich ankündigende – Aufstieg Chinas eine ungewohnte wirtschaftliche Dynamik ausgelöst. Zugleich erwacht das Interesse an den Institutionen und den Erfahrungen des gemeinsamen Marktes der Europäischen Union. Es ist denkbar, daß das europäische Beispiel ähnlich wie in Lateinamerika (Mercosur) auch in Ost- und Südostasien zu einer internationalen Freihandelszone führt. Weil einer solchen Entwicklung erhebliche Besorgnisse und psychologische Hemmnisse entgegenstehen, würde sie vermutlich eine Reihe von Jahrzehnten benötigen.

China wird jedenfalls auf Jahrzehnte an der Auf- rechterhaltung multilateraler Organisationen interes- siert bleiben, besonders an der Funktionstüchtigkeit der UN und des Sicherheitsrates. Darin besteht eine eindeutige Übereinstimmung mit den Interessen der europäischen Staaten, Rußlands, Japans, fast der gan- zen Welt. Sie alle sind ihrerseits an der Einbindung Chinas interessiert. Es wäre deshalb vernünftig, nicht nur wie bisher Rußland zu den Treffen der G 7/G 8 ein- zuladen, sondern ebenso China – und zwar beide als gleichrangige Mitglieder. Schon heute ist die chinesi- sche Volkswirtschaft wesentlich größer als diejenige Kanadas oder Brasiliens; sie ist im Begriff, in wenigen Jahren Italien, England und Frankreich zu überholen, ein Jahrzehnt später auch Deutschland. Weil China einer der bedeutendsten Ex- und Import-Staaten ist, an- gesichts seines enormen Ölimportbedarfes (an zweiter Stelle hinter den USA) und ebenso wegen seiner enor- men Währungsreserven (sie lagen Ende 2003 mit rund 400 Milliarden US-Dollar fast in der gleichen Größen- ordnung wie die Japans), hat die Weltwirtschaft ein Interesse an einer Beteiligung Chinas an der gemein- samen Erarbeitung von Strategien zur Krisenvermei- dung und am gemeinsamen Krisenmanagement. China selbst hat ein dringendes Interesse an der Funktions- tüchtigkeit der globalen Wirtschaft.

Es ist schließlich auf das übereinstimmende Inter- esse an der Verhinderung einer weiteren Verbreitung atomarer und anderer Massenvernichtungswaffen hin- zuweisen. China muß besorgt sein über eine etwaige atomare Bewaffnung des total isolierten Nordkorea in seiner unmittelbaren Nachbarschaft, aber mindestens ebenso besorgt über eine Zuspitzung des amerikanisch-nordkoreanischen Konfliktes wegen der gleichen Frage. Deshalb sind chinesische Einflußnahmen zur Beruhigung weiterhin wahrscheinlich – im Interesse des Weltfriedens sind sie erwünscht.

Gekennzeichnet durch die Namen Mao Zedong, Deng Xiaoping, Jiang Zemin und seit dem Jahre 2002 Hu Jintao erleben die Chinesen heute die vierte Führungsgeneration seit der Begründung der Volksrepublik im Jahre 1949. Der Wechsel von Mao zu Deng hatte tiefgreifende Folgen, der Wechsel zu Jiang erfolgte fließend und schrittweise, der Wechsel zu Hu und seiner Führungselite ging vorbereitet und zügig vonstatten. Gemeinsames Kriterium war in allen Fällen die Aufrechterhaltung der Herrschaft der Kommunistischen Partei und ihrer Organe. Dieses System der Ein-Partei-Herrschaft ist vielen Amerikanern und Europäern zutiefst suspekt und widerlich; es widerspricht den politischen Traditionen des Westens. Für mein eigenes Land würde auch ich ein solches Regierungssystem aus Erfahrung und aus Überzeugung bekämpfen. Im Licht der früheren Regierungsformen Chinas aber, auch im Lichte des langen Bürgerkrieges und der ihm folgenden großen maoistischen Experimente mit ungezählten Opfern an Menschenleben erscheint mir die politische Stabilität, die dieses System gewährleistet, als zweckmäßig, ja als wohltuend für das chinesische Volk – und auch für seine Nachbarn. Wahrscheinlich wird die autoritäre politische Kultur sich im Zuge der marktwirtschaftlichen Entwicklung und als Folge der Öffnung Chinas wandeln. Sie hat schon unter Deng Xiaoping große Veränderungen erfahren; heute gibt es keinen Chinesen, der im eigenen Land jemals mehr Freiheit gekannt hat. Man muß der weiteren Entfaltung Zeit lassen. Ein ernster politischer Versuch, den Prozeß von außen zu beschleunigen, verspricht keinen Erfolg, im Gegenteil, er könnte großes Unheil auslösen.

Der indische Subkontinent

Indien wird in der zweiten Hälfte des Jahrhunderts der volkreichste Staat der Welt sein. Lange vor der Jahrhundertmitte werden Indiens Einwohnerzahlen diejenigen Chinas überholt haben. Die zeitweilig brutalen Maßnahmen zur Senkung der indischen Geburtenrate sind aufgegeben worden.

Am Beginn des 21. Jahrhunderts machte das Sozialprodukt Indiens etwa ein Prozent des globalen Sozialprodukts aus; es gibt ernst zu nehmende Schätzungen, nach denen der indische Anteil sich im Laufe der nächsten 25 oder 30 Jahre möglicherweise verzehnfachen könnte. Nach weitreichenden ökonomischen Reformen – vor allem nach Verringerung der staatlichen Lenkung – ist seit 1991 das indische Sozialprodukt jährlich um über fünf Prozent gewachsen. Das ist im weltweiten Vergleich ein sehr hohes Wachstum, es liegt allerdings deutlich hinter demjenigen Chinas. Wahrscheinlich werden beide Staaten mindestens noch während der nächsten beiden Generationen Entwicklungsländer bleiben; Einkommen und Wohlstand pro Kopf werden noch lange nicht an die der Industriestaaten heranreichen. Gegenwärtig kann nur die Hälfte aller Frauen in Indien lesen und

schreiben. Armut und Unterernährung sind weit verbreitet.

Indien ist ein zusammengewürfelter Staat. Früher
bildeten die heutigen Staaten Indien, sein östlicher
Nachbar Bangladesch und sein westlicher Nachbar Pakistan gemeinsam eine Kolonie des British Empire. Als
die Engländer am Ende des Zweiten Weltkrieges ihre
Kolonialherrschaft aufgeben mußten, kam es alsbald
zur Aufteilung in zunächst zwei Staaten; zwei Jahrzehnte später spaltete sich Ost-Pakistan ab und erklärte als Bangladesch seine Souveränität. Pakistan und
Bangladesch sind muslimisch geprägt; zwar besteht die
Bevölkerung aus mehreren Ethnien, aber die gemeinsame Religion bildet eine starke Klammer und hält in
beiden Fällen den Staat zusammen. In Indien sind achtzig Prozent der einen Milliarde Einwohner Hindus; die
über zehn Prozent Muslime leben über das ganze Land
verteilt. Indien ist ethnisch durchaus heterogen, viele
Völker und Stämme leben eng beieinander. Entsprechend vielfältig ist die sprachliche Situation; neben
Hindi und Englisch gelten nicht weniger als siebzehn
weitere Sprachen als Amtssprachen.

Die Inder haben es der englischen kolonialen
Tradition zu verdanken, wenn ihre Verwaltung und
Rechtsprechung und ihre Demokratie insgesamt im
Vergleich zu den meisten anderen Staaten Asiens hervorragend funktionieren. In den Eliten hat sich ein ent-
sprechendes Nationalbewußtsein gebildet. Andererseits
bleibt Indien wegen seiner ungleich verteilten Armut
und wegen des Gegensatzes zwischen Hindus und Muslimen schwierig zu regieren. Seit der Gründung des
Staates bildet dieser Zwiespalt das innenpolitische Kar-

dinalproblem. Er scheint zu einem betont säkularen Verständnis der Nation zu zwingen. Gleichzeitig aber bestimmt er stark die indische Außenpolitik.

Der seit mehr als einem halben Jahrhundert anhaltende Kaschmir-Konflikt mit Pakistan ist für beide Seiten zu einem alles andere überragenden Element ihrer auswärtigen Politik geworden. Nachdem 1949 ein Waffenstillstand erreicht war und 1950 der Inder Jawarharlal Nehru und der Pakistani Ali Khan sich gegenseitig versichert hatten, daß beide Seiten Verantwortung tragen – damals ein Novum –, hat es keine ernsthaft auf eine Lösung des Konfliktes zielenden Verhandlungen gegeben. Es fehlt auf beiden Seiten an weitsichtigen Führern, die sich ihrer Verantwortung für den Frieden bewußt sind. Inzwischen verfügen beide Seiten über atomare Waffen. Die Möglichkeit ist nicht auszuschließen, daß der Kaschmir-Konflikt eines Tages den Frieden im Subkontinent gefährdet – aber auch darüber hinaus.

Pakistan mit seinen 140 Millionen Einwohnern wird, wie die meisten der islamischen Staaten, diktatorisch regiert; dabei spielt das Militär die Hauptrolle. Von Pakistan aus haben islamistische Extremisten und Guerillas in Afghanistan gekämpft – mit amerikanischer Hilfe, solange es um die Vertreibung der Russen ging. Der amerikanische Krieg gegen El Qaida und die Taliban in Afghanistan, erst recht der Krieg gegen Saddam Hussein, stellte Islamabad und das pakistanische Militär vor ein Dilemma. Einerseits konnte General Musharraf sein Land nicht der Mitwirkung am amerikanischen Kampf gegen El Qaida entziehen; er hatte zudem im eigenen Land islamistische Terroranschläge durch El Qaida zu bekämpfen, und nicht zuletzt waren die USA sein wichtigster ausländischer Finanzier. Andererseits nahmen die Volksmassen und die Politiker – ähnlich wie in den meisten islamisch geprägten Staaten – eindeutig Partei gegen die USA. Mit diesem Dilemma wird künftig jede pakistanische Staatsführung konfrontiert sein, wenn zum Beispiel der israelisch-palästinensische Konflikt eskalieren sollte, noch mehr im Falle einer weitgreifenden allgemeinen Feindseligkeit zwischen dem Islam und dem Westen.

Für Indien sind die sich auf Pakistan stützenden islamistischen Terrorakte in Kaschmir und in anderen indischen Bundesstaaten wie auch der hinduistische Gegenterror schwer zu ertragen. Was würde im Falle einer Zuspitzung im Mittleren Osten aus der bisherigen militärischen Zusammenarbeit Indiens mit Israel? Wie würde Indien reagieren, wenn es zu einem allgemeinen politischen und kulturellen Zusammenstoß zwischen dem Islam und dem Westen käme? Indien wird zu bedenken haben, daß es nicht nur je einen westlichen und einen östlichen islamischen Nachbarn hat – jeder mit 140 Millionen Menschen –, sondern auch abermals 140 Millionen Muslime im eigenen Staat.

In den Vorstellungen der politischen Klasse Indiens spielt die Rivalität mit China seit langem eine wichtige Rolle. Der chinesisch-indische Grenzkrieg liegt vier Jahrzehnte zurück. Er hat seinerzeit zur engen Kooperation Indiens mit der Sowjetunion beigetragen, auch auf militärischem Gebiet; seither bestehen gute Beziehungen zu Rußland. So wie die chinesisch-russischen

Beziehungen sich inzwischen normalisiert haben und China Pläne für eine künftige Versorgung mit Öl und Gas aus Rußland und dem muslimischen Zentralasien macht, so hofft auch Indien auf zentralasiatisches Öl; die Rohrleitung müßte zwangsläufig über pakistanisches Gebiet laufen.

Langfristige Optionen für Indiens Außenpolitik sind heute nur schwer zu erkennen. Angesichts der sich fortsetzenden Bevölkerungsexplosion und der zunehmenden Vermassung der indischen Städte wird die Innenpolitik die Aufmerksamkeit und die Aktivitäten der politischen Klasse wahrscheinlich weit stärker beanspruchen als die Außenpolitik. Auf lange Sicht wird die indische Außenpolitik wahrscheinlich eher vorsichtig, eher reagierend als initiativ verfahren. Das dürfte auch für den Kaschmir-Konflikt gelten. Aufgrund der bisherigen Erfahrung wäre es ein Wunder, wenn der Konflikt gelöst würde. Die USA könnten am ehesten als Makler solch ein Wunder zustande bringen – aber es bliebe ein Wunder.

Staatschefs und Regierungen, ihre diplomatischen Helfer und die Militärs tendieren fast überall auf der Welt dazu, eine außenpolitische Rolle zu spielen oder doch zumindest für das Publikum zu Hause den Anschein zu erzeugen. Außenpolitische Erfolge sind innenpolitisch verwertbar, oft werden sie gerade aus diesem Grunde angestrebt. Dieses Prinzip gilt auch für Indien. Es sind aber für Indien einstweilen keine Felder zu erkennen, auf denen eine wesentlich andere Außenpolitik Erfolg versprechen könnte. Jedenfalls wird Indien bestrebt sein, zur Erhaltung der Kompetenzen und der Funktionen der UN und der anderen großen multi-

lateralen Weltorganisationen beizutragen. Die Weltmächte aber sollten dem Umstand Rechnung tragen,
daß in Indien im Laufe der Jahrzehnte eine zusätzliche
ökonomische Weltmacht heranwachsen wird, die weit
vor Brasilien oder Mexiko rangiert.

Der Islam, der Mittlere Osten und das Öl

Von der Weltreligion des Islam gehen gewaltige kulturelle und politische Ströme aus, fast ein Drittel aller Staaten der Welt ist auf unterschiedliche Weise islamisch geprägt. Der Mittlere Osten ist, mit der einzigen Ausnahme Israels, eine geographisch zusammenhängende Ansammlung muslimischer Völker und Staaten. Einige von ihnen sind einander feindlich gesinnt, es gibt bisweilen Kriege und Bürgerkriege. Einige verfügen über enorme Ölvorräte, andere haben kaum einen einzigen Tropfen. Die Ölvorräte des Mittleren Ostens insgesamt sind für die Energieversorgung der Welt von entscheidender Bedeutung; weil das auf viele Jahrzehnte so bleiben wird, richtet sich auf dieses Gebiet die gespannte Aufmerksamkeit der Weltmächte. Abgesehen davon, dass der Mittlere Osten seit langem Schauplatz rivalisierender religiöser Bekenntnisse ist – vor allem zwischen jüdischen Israelis und sunnitischen Arabern, aber auch zwischen Sunniten und Schiiten –, kann er auch zum Ausgangspunkt eines grundsätzlichen Zusammenpralls zwischen den islamischen und den westlichen Kulturen werden. Er ist seit Jahrzehnten einer der schlimmsten Unruheherde der Welt.

Gleichwohl versteht man in anderen Teilen der Welt nur wenig oder gar nichts vom Islam und vom Mittleren Osten. Dies gilt zum Beispiel für China und Japan, obgleich Indonesien, mit über zweihundert Millionen Einwohnern der größte aller muslimisch geprägten Staaten, einer ihrer wichtigen Märkte ist und vor ihrer Haustür liegt. Erst in jüngster Zeit hat der eigene Energiebedarf Peking und Tokio veranlaßt, sich mit dem Iran und dem Mittleren Osten und den muslimischen zentralasiatischen Staaten zu beschäftigen. In den USA und in Europa hatte dieser Prozeß schon viel früher eingesetzt. Aber weder hier noch dort ist das Verständnis für den Islam spürbar gewachsen.

Generationen von Europäern haben die Pracht der Hagia Sophia in Istanbul oder die filigrane Schönheit der Alhambra in Granada bewundert; sie begeistern sich für die Teppiche aus dem »Orient« und vielerlei Produkte des arabischen Kunsthandwerks. Aber den meisten Europäern und Amerikanern ist der Islam fremd und unbekannt und unverständlich. Wir haben die Bilder muslimischer Pilger und tief zur Erde gebeugter Gläubiger vor uns, aber die suggestive Kraft, die für Muslime vom gemeinsamen Gebet ausgeht, ist uns eher unheimlich, und vom Koran wissen wir so gut wie nichts. Seit den Anschlägen der El Qaida auf New York und Washington sind viele Amerikaner geneigt, islamistischen Terrorismus mit dem Islam schlechthin gleichzusetzen. Eine solche, auf mangelnder Kenntnis beruhende Vereinfachung kann zu dauernder Feindschaft führen.

Auch auf muslimischer Seite kommt es aufgrund von Nichtwissen leicht zu Mißverständnissen. Muslime, die in Armut zusammengeballt in Großstädten leben, massenhaft arbeitslos sind und unter wirtschaftlicher Ausweglosigkeit leiden, fühlen sich schnell benachteiligt, wenn sie im Fernsehen Bilder vom westlichen Lebensstandard sehen. Sie nehmen die freizügige Lebensweise in den westlichen Staaten wahr und finden sie abstoßend. Die ungleichen Folgen der ökonomischen Globalisierung steigern in vielen Ländern die Unzufriedenheit; islamistischer Fundamentalismus ist zum Teil auch eine Abwehrreaktion gegen Globalisierung und Modernisierung. Es ist ziemlich leicht, muslimischen Volksmassen einzureden, der Westen sei schuld an ihrem unverdienten Elend. Wenn sie außerdem die militärische Überlegenheit Israels und die amerikanische Hilfe für Israel miterleben, führt ihre Solidarität mit den Palästinensern leicht zur Feindschaft gegen Amerika. Die amerikanische militärische Präsenz am Persischen Golf und vom Irak bis nach Zentralasien und Afghanistan, überall auf dem Boden muslimischer Staaten, trägt das Ihre zu dieser Feindschaft bei.

Es wäre ein Wunder, wenn die Feindseligkeit zwischen den islamischen und den westlichen Nationen im Laufe des 21. Jahrhunderts abgebaut werden könnte. Über viele Jahrhunderte wurde sie von den christlichen Kirchen, den Päpsten, den Bischöfen und den Missionaren sorgfältig gepflegt – und ebenso von den Imams, den Mullahs, den Ayatollahs, von den Koran-Schulen, von den islamischen Gelehrten insgesamt. Den meisten Religionen der Weltgeschichte eignet ein bösartiger Anspruch auf Ausschließlichkeit, so auch dem Islam und dem Christentum. Beide haben heilige Bücher zur

Grundlage. Weil Bibel und Koran aber auslegungsbedürftig sind, haben beide Weltreligionen eine weitläufige, zum Teil durchaus kontroverse theologische Wissenschaft entfaltet. Auf beiden Seiten wachen die Schriftgelehrten über die Bewahrung ihres Glaubens; auf beiden Seiten bedienen sie sich einer besonderen theologischen Sprache. Aber daß einer die Bücher des anderen liest, kommt höchst selten vor; statt dessen tragen viele Schriftgelehrte auf beiden Seiten eifrig zur gegenseitigen Feindschaft bei.

Sowohl im Christentum als auch im Islam wurde lange Zeit die Einheit höchster religiöser und politischer Autorität angestrebt – in Gestalt der Kalifate und Sultanate beziehungsweise in Gestalt des Papsttums. Während die christlichen Päpste schon gegen Ende des Mittelalters ihre politische Macht verloren, herrscht in der islamischen Theologie bis heute die Vorstellung der Einheit von Kirche und Staat. Die Praxis sieht freilich anders aus. Fast alle islamisch geprägten Staaten sind heute entweder Monarchien oder Präsidial-Diktaturen in verschiedener Abstufung; nur im Iran übt die höchste religiöse Autorität zugleich die oberste politische Gewalt aus, ebenfalls in diktatorischer Form.

Manche bei uns, zumal manche Amerikaner meinen, der wichtigste Unterschied zwischen der islamischen und der westlichen Zivilisation liege im Gegensatz der Herrschaftsformen: Demokratien hier, Diktaturen und autoritative Systeme dort. Manche Amerikaner gehen so weit, sich einzureden, Demokratien seien ihrer inneren Friedfertigkeit wegen außerstande, gegeneinander Krieg zu führen. Aus solchen Illusionen nähren sie ihre missionarische Vorstellung von der ihnen obliegenden Demokratisierung des Mittleren Ostens. Die evangelikalen und neokonservativen Kräfte, die gegenwärtig in Washington großen politischen Einfluß ausüben, unterliegen dem Irrtum, der christliche Glaube und das demokratische Prinzip stammten aus der gleichen Wurzel, Demokratie, Rechtsstaat und Menschenrechte seien Produkte des Christentums. Demokratie und Rechtsstaat reichen aber viel weiter zurück als die Anfänge des Christentums; sie sind auch keineswegs von den christlichen Kirchen vorangetrieben worden. Andererseits hat es im christlichen Europa, im christlichen Rußland und im christlichen Lateinamerika über Jahrhunderte autoritäre Regierungen, absolute Herrscher und auch ekelhafte Diktaturen gegeben.

Der amerikanische Versuch, den Unruheherd des Mittleren Ostens politisch zu stabilisieren, dürfte im Irak nur sehr begrenzt Aussicht auf Erfolg haben. Die Vorstellung aber, im Mittleren Osten binnen weniger Jahrzehnte die europäisch-nordamerikanische Entwicklung seit der Aufklärung nachholen und sodann demokratische Regierungsformen einführen zu können, bleibt eine gefährliche Illusion. Zum einen hatten das Zeitalter der Vernunft und der Aufklärung bei uns eine lange Vorgeschichte und waren selbst wiederum ein zeitraubender Prozeß. Zum anderen hätten sich weder die Trennung von Staat und Kirche noch die Prinzipien des Rechtsstaates und der Menschenrechte ohne die großen Revolutionen in England, in Nordamerika und in Frankreich durchsetzen lassen. Aufklärung meint ja nicht nur die Philosophie, nicht nur Voltaire, Rousseau und Kant, sondern auch alle anderen Wissenschaften, die sich die Befreiung des Menschen aus obrigkeitsstaatlicher und kirchlicher Bevormundung zum Ziel gesetzt haben. Kopernikus und Galilei zählen deshalb ebenso zur europäischen Aufklärung wie Hugo de Groot oder John Locke, Montesquieu, Lessing, die amerikanischen *federalist papers* oder Darwin. Als ein sich über Jahrhunderte erstreckender geschichtlicher Prozeß, der mal in Holland oder England, mal in Frankreich oder Nordamerika, vorübergehend auch in Preußen und in Österreich seine jeweilige Blüte erlebte, gehört die Aufklärung zu den fundamentalen Erfahrungen der westlichen Kultur.

Die moderne Demokratie und der Rechtsstaat in Europa und Amerika sind ein Ergebnis dieses umfassenden Prozesses. Er ist durchaus nicht immer friedlich verlaufen – auch in den USA hat erst ein Bürgerkrieg die Sklaven befreit. Wer den muslimischen Völkern die Ergebnisse dieses Prozesses von außen oktroyieren will, noch dazu von heute auf morgen, der wird Feindschaft und Konflikte in Kauf nehmen müssen. Wer den Mittleren Osten gar im Namen des christlichen Gottes demokratisieren wollte, würde von vornherein scheitern. Denn in ihrer großen Mehrheit werden die Schriftgelehrten des Islam an ihren Lehrtraditionen festhalten, an den Sprüchen und Traditionen Mohammeds (Hadith) und an den Sammlungen islamischen Rechts (Scharia). Bisher jedenfalls hat die Aufklärung den Islam kaum irgendwo erreicht, am allerwenigsten wohl in Saudi-Arabien.

Unter den muslimischen Staaten nimmt Saudi-Arabien aufgrund seiner gewaltigen Ölvorkommen eine herausragende Stellung ein. Das saudische Königshaus hat sich nach außen weitgehend an das geltende Völkerrecht angepaßt und beteiligt sich an den UN und anderen zwischenstaatlichen Organisationen. Im Innern herrscht die Dynastie al Saud jedoch absolutistisch. Die traditionelle Bindung an die Sekte der Wahabiten, die Hoheit über die heiligen Stätten Mekka und Medina sowie die ideelle und finanzielle Unterstützung islamistischer Aktivitäten außerhalb des eigenen Landes legitimierten ihre Herrschaft. Der enorme Ölreichtum hat dem Land über Jahrzehnte einen großen finanziellen Spielraum verschafft; er hat die schmale Oberschicht zu einem luxuriösen Leben verführt, aber auch der übrigen Bevölkerung einen relativ hohen Einkommensstandard ermöglicht. Saudi-Arabien ist ökonomisch in der glücklichen Lage, seine Ölproduktion und seine großen Ölexporte nach oben und nach unten manipulieren zu können. Diese einmalige Position als *swing supplier* hat ihm in der OPEC eine Führungsrolle eingebracht. Ein diskretes Einvernehmen mit den USA stützt das Regime außenpolitisch. So erschien das Land bis Ende der achtziger Jahre als Faktor der Stabilität.

Wegen des schnellen Bevölkerungswachstums um jährlich 3,5 Prozent, wegen neuer Faktoren auf dem Weltölmarkt, wegen seiner Verwicklung in islamistische Aktivitäten und wegen der wachsenden Amerika-Feindschaft im arabischen Mittleren Osten hat sich die Lage in letzter Zeit zuungunsten des Regimes geändert. Seit den achtziger Jahren ist der Lebensstandard des Volkes – heute über 22 Millionen – nicht mehr gestiegen, sondern gesunken, auch herrscht eine hohe Jugendarbeitslosigkeit. Während des ersten Irak-Krieges der USA gab es zeitweilig bis zu einer halben Million amerikanischer Soldaten auf saudischem Boden – zum Ärger der Wahabiten; heute sind es nur noch fünftausend.

Heute ist das Verhältnis zu den USA abgekühlt; nicht nur Osama bin Laden, auch viele andere islamistische Terroristen stammen aus Saudi-Arabien. Das Haus Saud hält fest an der puritanisch-wahabitischen Erziehung an den Schulen und Universitäten, auch an seiner wahabitischen Selbstdarstellung; aber bei der Verfolgung von Terroristen war es gezwungen, den USA entgegenzukommen, was im eigenen Volk nicht populär ist. Der Nepotismus unter den Tausenden von Enkeln und Urenkeln des Königs Faisal Ibn Saud, der den Staat praktisch begründete, hält unverändert an und trägt zur Unpopularität des Regimes bei. Dessen innenpolitische Legitimation zerbröckelt. Ein Umsturz in Saudi-Arabien ist nicht auszuschließen.

Das Land ist noch immer ein Eckpfeiler der Ölversorgung der ganzen Welt. Auch deshalb hat kein amerikanischer Präsident das Land bisher auch nur im Traum den »Schurkenstaaten« oder der »Achse des Bösen« zugerechnet. Die USA können es sich schwerlich leisten, neben der vornehmlich von ihnen selbst zu bewerkstelligenden Aufgabe der Stabilisierung des besiegten Irak und neben dem gefährlich gespannten Verhältnis zum Iran sich auch noch Saudi-Arabien zum Gegner zu machen. Aber sie stehen vor der Frage, wie sie das Land und sein Regime künftig einordnen und behandeln sollen – dies auch angesichts der unklaren Nachfolgeregelung nach dem absehbaren Tode des letzten der regierenden Brüder. Das Haus Saud selbst ist wegen seiner Zusammenarbeit mit den USA durch islamistischen Fundamentalismus und Terrorismus bedroht. Zugleich steht es aber vor der Notwendigkeit einer umfassenden Modernisierung seines archaischen Regierungssystems. Die Europäer ihrerseits müssen entscheiden, ob und wie sie die an der politischen Liberalisierung des Landes interessierten Kräfte unterstützen wollen.

Im Mittleren Osten wird die Eindämmung, wenn schon nicht die Lösung des israelisch-palästinensischen Konfliktes zu einer Schlüsselfrage. Sofern die USA keine ernsthafte, sichtbare und dauerhafte Anstrengung in diese Richtung unternehmen und ihnen eine Beruhigung nicht gelingen sollte, wird dieses Problem andauern; denn kein anderer Staat, keine andere Regierung wird auf absehbare Zeit die Mittel und die Kraft dazu haben. Seit dem Abkommen von Camp David 1977, dem Jahr, in dem mein Freund, der Ägypter Anwar el Sadat, seinen Besuch in der Knesseth machte, bei dem Feind aus vier Kriegen, ist die Politik der USA gegenüber Israel und den Palästinensern schwankend und inkonsistent geworden. Die Ursachen liegen erkennbar in der amerikanischen Innenpolitik.

Seit der Ermordung von Itzhak Rabin und dem Ende des Oslo-Prozesses der Jahre 1993/95 hat sich eine tödliche Spirale von Gewalt und Vergeltung, Terror und Gegenterror entwickelt. Sadat und Rabin wurden beide von Extremisten aus dem jeweils eigenen Volk ermordet. Heute erleben wir fast täglich Selbstmordattentate. Die von der israelischen Regierung außerhalb des israelischen Territoriums errichtete Mauer wird den Terrorismus nicht beenden; denn wie fast überall unter einem Besatzungsregime, so gelten auch vielen Menschen in Palästina terroristische Akte gegen die Besatzer als heldenhafter Widerstand. Weil das so bleiben wird, ist der politische Spielraum jeder palästinensischen Führung gering; der israelische Spielraum ist etwas größer, er ist aber als Folge der beiderseitigen Gewalttaten in den letzten Jahren geschrumpft.

Die kompromißunwillige Haltung der letzten israelischen Regierungen stößt in Europa zunehmend auf Kritik; die Kritik beginnt auch in Amerika und in Israel selbst. Die Kritik fordert Antikritik heraus. Wer die israelische Regierung kritisiert, wird des Antisemitismus bezichtigt: Wer Israel kritisiere, der gefährde das Überleben der Juden. Für einen Deutschen ist es nach dem Holocaust an Millionen Juden ganz besonders schwierig, solcher Antikritik standzuhalten. Er darf seine Hoffnung auf die friedenswilligen Israelis und auf Teile des liberalen Judentums in Amerika und Europa setzen, aber jeder deutschen Regierung ist Zurückhaltung anzuraten. Dagegen sind die Regierenden in Paris oder London, zumal aber in Washington sehr viel freier; der Vorwurf des Antisemitismus wird an ihnen nicht haftenbleiben.

»Verwerfungen zwischen den Kulturkreisen werden den Frontverlauf der Zukunft bestimmen«, schrieb Samuel Huntington 1993 in seinem berühmten Aufsatz über den drohenden *clash of civilizations* und verlangte vom Westen, »ein tieferes Verständnis für die religiösen und philosophischen Grundlagen der anderen Kulturen zu entwickeln«. Diese Forderung liegt im vitalen Interesse der Europäer, denn sie leben in unmittelbarer geographischer Nachbarschaft mit dem Islam. Und selbst innerhalb der Europäischen Union ist der Islam heute die zweitgrößte Glaubensgemeinschaft, an vielen Orten kommt es zu Schwierigkeiten zwischen alteingesessenen Bürgern und eingewanderten Muslimen. Die Europäer haben Frieden zwischen den beiden großen Weltreligionen des Christentums und des Islam nötiger als die Amerikaner.

Es ist deshalb zu hoffen, wenn auch leider kaum wahrscheinlich, daß die führenden Politiker Europas sich zu einer gemeinsamen, demonstrativen Haltung der religiösen Toleranz zusammenfinden. Sie werden auch weder im Geiste religiöser Toleranz auf die USA einwirken noch gemeinsam mit den USA eine Strategie für den Mittleren Osten entwickeln können. Der Mittlere Osten wird in den nächsten Jahrzehnten wahrscheinlich eine Quelle gefährlicher Unsicherheit bleiben.

Dennoch müssen wir an der Notwendigkeit der religiösen Toleranz festhalten. Dabei darf der Westen nicht aus dem Bewußtsein verlieren, daß die Idee der allgemeinen Menschenrechte – und ebenso das neuerdings entfaltete Konzept der humanitären Intervention – der nordamerikanisch-europäischen Aufklärung entstammt. Er muß auch scharf trennen zwischen islamischem Fundamentalismus und islamistischem Terrorismus. Da die Menschen im 21. Jahrhundert dichter beieinander leben als jemals zuvor, wird ein Mindestmaß an religiöser Toleranz für viele schon bald zur Vorbedingung ihres Lebens werden. Man muß deshalb an die religiösen Führer in allen Religionsgemeinschaften, an Politiker und Erzieher appellieren: Erzieht die Euch anvertrauten Menschen zur Toleranz und tretet jeder religiösen Rechtfertigung von Terror und Gewalt entgegen.

Rußland – Weltmacht in der Schwebe

Auch Rußland hat Probleme mit dem erstarkenden Selbstbewußtsein der Muslime. Von den 145 Millionen Bürgern des Staates hängen mindestens 15 Millionen, möglicherweise über zwanzig Millionen dem muslimischen Glauben an. Sie leben zumeist in den vielen kleinen autonomen Republiken des Nordkaukasus, in der Wolga-Region und Sibirien. Tschetschenien ragt besonders heraus, weil die Massenmedien in großen Teilen der Welt Anteilnahme am separatistischen Kampf der tschetschenischen Muslime geweckt haben und dafür sorgen, daß die harte Kritik an der brutalen Unterdrückung durch Moskau auch weiterhin aufrechterhalten wird.

Präsident Putin hat, als er im Jahre 2000 sein Amt antrat, diesen Bürgerkrieg vorgefunden, der schon seit 1994 schwelt. Er konnte die blutige Tragödie bislang weder entschärfen noch gar beenden. Bis zum El-Qaida-Attentat in den USA galt der Bürgerkrieg in Tschetschenien in amerikanischer Sicht als moralisch unerträglich; seit in Washington der »Krieg gegen den Terrorismus« ausgerufen wurde, für den man die Kooperation Rußlands braucht, ist die amerikanische Kritik an Putin deutlich abgeflaut. Gleichwohl ist Kritik an dem von russischer Seite mit schweren Waffen geführten Bürgerkrieg gerechtfertigt, auch wenn man für den islamisch-separatistischen Aufstand kaum Sympathie aufbringen kann.

Es wäre keine Überraschung, wenn in den kommenden Jahren auch an anderen Stellen des riesigen russischen Staatsgebietes islamische Aufstände und Terror ausbrechen würden. Schon zu Zeiten der Zaren und später der Sowjets waren Konflikte zwischen islamischen Kräften und Moskau an der Tagesordnung; der sowjetische Einfall in Afghanistan 1979/80 gehörte in diesen Zusammenhang. Wenn es nicht in den neunziger Jahren im Zuge der Auflösung der Sowjetunion zur Abtrennung und zur Souveränität der fünf zentralasiatischen Republiken Kasachstan, Usbekistan, Kirgisistan, Turkmenistan und Tadschikistan gekommen wäre, dann wäre heute wahrscheinlich ganz Zentralasien ein Gebiet islamischer Aktivitäten. Nicht nur afghanische, sondern vor allem auch pakistanische Kräfte wären verwickelt, und die Auswirkungen würden bis in die westchinesische autonome Region Xinjiang (Sinkiang) hineinreichen. Dergleichen könnte auch künftig noch geschehen. Für Moskau rangiert die islamische Problematik ihrem Gewicht nach allerdings weit hinter Rußlands bedrängenden innenpolitischen und wirtschaftspolitischen Aufgaben.

Man kann die komplexen Probleme Rußlands nur verstehen, wenn man die Geschichte des Landes während der letzten beiden Jahrhunderte in Betracht zieht. Für einen Kenner der russischen Literatur sind Lermontow, Puschkin, Turgenjew, Gogol, Tschechow, Dostojewski oder Tolstoi feststehende Größen; viele haben auch Gorki, Scholochow oder Solschenizyn gelesen – die große russische Literatur ist Teil der europäischen Kultur. Ein Gleiches gilt für die russische Musik – kein Konzertsaal in Mailand oder Paris, in Hamburg oder London, in dem nicht Rimski-Korsakow, Tschaikowski oder Mussorgski zu hören wären, Strawinsky, Prokofjew und Schostakowitsch. Die Russen haben literarisch und musikalisch einen unschätzbaren Beitrag zur gemeinsamen europäischen Kultur beigesteuert. Auf der anderen Seite steht der missionarische Impetus, der ursprünglich von der russisch-orthodoxen Kirche ausging, deren Zentrum seit dem 14. Jahrhundert in Moskau liegt, und der alle großen russischen Herrscher umgetrieben hat. Iwan der Schreckliche und Peter der Große meinten wie viele ihrer Vorgänger und Nachfolger auch, ihnen sei eine Mission auferlegt; Lenin und Stalin haben diesen Imperialismus fortgesetzt.

Nach der endgültigen Niederlage Napoleons war Rußland die größte Macht auf dem europäischen Kontinent. Aber die Macht war in der Person des Zaren konzentriert. Das zaristische Regime war nicht nur reaktionär und ultrakonservativ; es hat auch dafür gesorgt, daß das Land von westlichen Einflüssen weitgehend abgeschirmt blieb. Diese Tradition des Mißtrauens gegenüber westlichen Einflüssen führte dazu, daß die Ära der Aufklärung Rußland nie wirklich erreichte. In der Folge hat sich weder eine Kultur des Rechts noch eine moderne Wirtschaft entfalten können. Trotz einiger kleinerer Reformen ist Rußland bis gegen Ende des 19. Jahrhunderts ein Agrarland geblieben; das Volk lebte in ärmlichen Verhältnissen, alle Erträge flossen in die Taschen des landbesitzenden Adels. Zwar gab es einige

Manufakturen, Textilindustrie in Moskau, Kohle und Stahl in der Ukraine, Schiffahrt, Schiffbau und Außenhandel in Petersburg oder in Odessa. Aber ein gewisser industrieller Aufschwung erfolgte erstmals an der Wende zum 20. Jahrhundert. Mit der großen Rüstungsanstrengung während des Ersten Weltkrieges wuchs zwar das Industrieproletariat, aber es war noch in keiner Weise repräsentativ für Rußlands Wirtschaft, als Lenin 1917 das Ruder übernahm.

Unter den Kommunisten hat ein großer Wandel stattgefunden; die Zahlen der in der Industrie beschäftigten Menschen stiegen schnell an. Alles war jetzt in der Hand des Staates. Die staatliche Bürokratie entschied, was und wieviel zu produzieren und an wen zu liefern war, sie besorgte die Finanzierung, sie entschied über neue Projekte, sie diktierte Löhne und Preise. Man brauchte kaum Banken, weder ein kompliziertes System der Besteuerung noch eine Steuererhebung. Das Lohn- und Preisdiktat sorgte für Überschüsse der Fabriken, und daraus setzte sich die Einnahmenseite des Staatsbudgets zusammen.

Wenn keine ausreichenden Überschüsse erwirtschaftet wurden, sprang die Zentralbank ein und druckte zusätzliche Rubel zur Verfügung des Staates. Inflation war eine unvermeidliche Folge. Als ich gegen Ende der achtziger Jahre einmal im Gespräch mit Gorbatschow auf die gefährliche Vermehrung der Geldmenge hinwies, meinte dieser gelassen: »Über die Geldmenge haben wir in Moskau nie Buch geführt.« Das war gewiß unzutreffend; aber es ließ erkennen, daß selbst ein langjähriges Mitglied des Politbüros keinen ausreichenden ökonomischen Überblick hatte.

Als die allzu hastige, unzureichend vorbereitete Perestroika begann, gab es in Rußland keine Manager, die Erfahrung mit Wettbewerb und offenen Märkten hatten. Es gab keine Gewerkschaften, die diesen Namen verdient hätten. Es gab weder ein Steuersystem noch Finanzämter noch Rechtssicherheit. Es gab aber auch niemanden, der privat über Vermögen oder Geldkapital verfügte und einen der Staatsbetriebe hätte kaufen können. In dieser Situation war es nahezu zwangsläufig, daß die Privatisierung ganzer Branchen, großer Konzerne und kleinerer Fabriken sich in chaotischer Weise vollzog.

Man muß sich darüber im klaren sein, daß kaum einer der heute reichen Teilhaber oder Eigentümer der großen russischen Konzerne sein Vermögen und seine Verfügungsmacht auf einwandfreie Weise erworben hat. Wenn aus dem Kreise dieser Konzernherren, der sogenannten Oligarchen, gleichzeitig versucht wird, mit Hilfe ihrer finanziellen Macht auf die Politik des Staates einzuwirken, dann sind Konflikte mit der Regierung unausweichlich – zumal auf der staatlichen Seite die riesige alte Bürokratie weitgehend funktionsfähig geblieben ist. Sie war gewohnt, alles und jedes zu regeln; heute kämpft sie verbissen um die Erhaltung ihrer Planungs-, Genehmigungs- und Entscheidungsbefugnisse. Unter diesen Umständen blühen Korruption und Schattenwirtschaft, vor allem in der Hauptstadt und in St. Petersburg. Wer dort kein inoffizielles, unversteuertes Nebeneinkommen – in Dollar – erhält, ist wirklich arm.

Rußland ist, mit Blick auf den Lebensstandard der breiten Massen und mit westlichen Maßstäben gemessen, ein Entwicklungsland. Es gibt zwar wohl einige zigtausend Dollar-Millionäre, aber etwa ein Viertel des Volkes lebt unterhalb des offiziellen Existenzminimums von monatlich 70 US-Dollar. Das im Laufe seiner Geschichte leidgeprüfte russische Volk erträgt seine Situation mit einem für Westeuropäer erstaunlichen Gleichmut. Nach der permanenten Wirtschaftsschrumpfung während der innenpolitisch turbulenten neunziger Jahre gibt es seit dem Amtsantritt Putins 2000 immerhin ein stetiges, hohes Wirtschaftswachstum, einen leichten Rückgang der Arbeitslosigkeit und der Inflationsrate, einen stetigen Außenhandelsüberschuß und – vor allem dank des Exports von Öl und Erdgas – eine entsprechende Zunahme der russischen Devisenreserven. Mit der Entwicklung seiner ökonomischen Kennziffern in den letzten fünf Jahren kann Rußland durchaus zufrieden sein.

Gleichwohl bleiben noch ungeheure Umgestaltungen zu leisten. Wichtige Teile der Reformvorhaben sind inzwischen bereits Gesetz geworden; in der Praxis werden sie jedoch vielfach nur zögernd angewandt, besonders schleppend von der überkommenen staatlichen Bürokratie. Es fehlt nach wie vor an Rechtssicherheit. Rußland wird für die Umsetzung des Reformprogramms in die gesellschaftliche und wirtschaftliche Realität noch viele Jahre brauchen. Dabei scheinen große Teile der älteren Generationen mehr abwartend beiseite zu stehen; Bereitschaft und Wille zur Veränderung und Modernisierung sind wohl eher von der jungen Generation zu erwarten.

Von überragender Bedeutung für die Umgestaltung von Wirtschaft und Gesellschaft werden die Stetigkeit der Reformanstrengungen und deshalb die Stabilität der politischen Führung sein. Vor dem Hintergrund der russischen Geschichte ist eine autoritäre Regierung nahezu selbstverständlich. Eine Parteiendemokratie westeuropäischen Musters wird auf absehbare Zukunft in Rußland schwerlich Fuß fassen. Dagegen erscheint eine Präsidialdemokratie mit weitreichenden Vollmachten für einen gewählten Präsidenten als angemessen. Somit kommt es auch künftig auf die persönlichen Fähigkeiten und Qualitäten des ersten Mannes an. Entscheidend – wie schon zu Zeiten der kommunistischen Herrschaft – wird die Handhabung der Nachfolgeregelung sein: Wer präsentiert den oder die Kandidaten, aus welchem Umfeld werden sie rekrutiert, wer wählt den Präsidenten?

Die alten Kommunisten haben schon zu Jelzins Zeiten den größten Teil des Vertrauensrestes verspielt, der ihnen verblieben war. Es mag sein, daß dem Militär ein höheres Maß an Vertrauen erhalten geblieben ist; aber Militärs sind auf der ganzen Welt konservative Leute, auch in Rußland ist eine durchgreifende Modernisierung der Gesellschaft von ihnen kaum zu erwarten. Ein Präsident aus der kleinen Gruppe der Konzernchefs ist unwahrscheinlich. So richtet sich der Blick auf die Mittelschichten, die vornehmlich in Moskau und St. Petersburg im Entstehen begriffen sind. Sie sind einstweilen allerdings noch sehr schmal; zum Beispiel unterhalten bisher nur sieben Prozent der Russen ein Girokonto. Eine ungeschriebene Aufgabe des heutigen Präsidenten sollte deshalb darin liegen, die Voraussetzungen für die Entfaltung eines Mittelstandes aus Gewerbetreibenden, Freiberuflern, Beamten und Intellektuellen zu schaffen, der dem eigenen Staat mit Zuversicht und Vertrauen begegnet und ihn mit Engagement unterstützt. Angesichts einer abgesunkenen Geburtenrate, einer überalternden, gleichzeitig schrumpfenden Gesellschaft und entsprechenden Lücken in der Altersversorgung ist keine russische Führung um ihre Aufgaben zu beneiden.

Es gibt zwei Bereiche, deren Leistungsfähigkeit weit herausragt. Das ist zum einen die große Gruppe der Naturwissenschaftler und Ingenieure, die überwiegend noch in der sowjetischen Zeit ausgebildet wurden und der Verteidigungsindustrie und der Raumfahrt gedient haben. Es war dem sowjetischen System eigen, daß der militärisch-industrielle Komplex mit seiner ganzen Hochtechnologie weder in der zivilen Industrie noch gar in der Konsumgüterindustrie zu nennenswerten positiven Nebeneffekten geführt hat. In der Verteidigungsindustrie und der ihr vorgelagerten Forschung liegt daher ein für den zivilen Sektor noch weitgehend ungenutztes Potential. In sowjetischen Zeiten war der Waffenexport ein wichtiges außenpolitisches Instrument, heutzutage ist der Nutzen für das eigene Land jedoch recht begrenzt. Zugleich ist der eigene Bedarf an Waffen und militärischen Gütern aller Art heute sehr viel geringer als zu Zeiten von Stalin, Chruschtschow oder Breschnew. Wenn es der Regierung gelänge, Bereiche der Forschung umzuwidmen und Ingenieure der Verteidigungsindustrie für volkswirtschaftlich nützliche Zwecke einzusetzen, könnte sie ihren Modernisierungsprozeß wesentlich stärken. Freilich müßte sie zunächst erhebliche Widerstände überwinden.

In dem zweiten herausragenden Bereich, der Öl-

und Erdgasindustrie, stehen weder ideologische Vorurteile noch materielle Interessen dem weiteren Ausbau entgegen. Auch hier wird nach modernen Methoden geforscht und gearbeitet – und außerdem mit modernem Management. Öl und Gas machen nahezu die Hälfte der russischen Exporte und nahezu ein Drittel aller Einnahmen des Staates aus; der Anteil am gesamten Sozialprodukt wird auf über zwölf Prozent geschätzt. Rußland muß an einem hohen Weltmarktpreis und an einer Steigerung seiner Öl- und Gasexporte interessiert sein. Es verfügt über die bei weitem größten Erdgasreserven, sie machen heute über dreißig Prozent der weltweiten Reserven aus; die russischen Ölreserven liegen immerhin bei sechs Prozent der globalen Reserven. In beiden Bereichen scheint eine Steigerung der Förderung möglich zu sein. Sie erfordert natürlich Investitionen, vor allem für den Bau von Pipelines. Gefördert wird bisher im wesentlichen in West-Sibirien, die Exporte gehen bisher fast ausschließlich nach Europa. Als zusätzliche Absatzmärkte kommen vor allem China und Japan in Betracht, dafür fehlen aber noch die Rohrleitungen. So wie der Öl- und Gassektor insgesamt für Rußland auf Jahrzehnte eine strategische Bedeutung haben wird, so sind auch die demnächst fälligen staatlichen Entscheidungen über den Verlauf der zu bauenden Rohrleitungen und über deren Endpunkte im Fernen Osten außenpolitisch von großem strategischem Gewicht.

Wegen seiner ungeheuren territorialen Ausdehnung, wegen der noch immer nicht vollständig explorierten Bodenschätze, aber auch wegen der großen Zahl unmittelbar benachbarter Staaten und schließlich we-

gen seiner umfangreichen atomaren Rüstung ist Rußland eine der drei strategischen Weltmächte. Das wird
so bleiben, auch wenn das Land innenpolitisch und
ökonomisch noch über einige Jahrzehnte geschwächt
bleiben sollte.

Ihre eingebildete globale Mission und ihr weltpolitisches Geltungsbedürfnis haben die sowjetischen Führer bis in die achtziger Jahre dazu verleitet, die Versorgung und das Wohlbefinden der eigenen Bevölkerung
zurückzustellen hinter die vermeintlichen außenpolitischen, strategischen und militärischen Notwendig-
keiten. Heute gibt es nur noch die beiden kommunistischen Diktatoren in Nordkorea und in Kuba, die
glauben, ihren Völkern eine derartige Vernachlässigung
der Grundversorgung zumuten zu dürfen. Für Rußland
scheint eine solche Haltung der Regierung inzwischen
undenkbar, wer auch immer Wladimir Putin nachfol-
gen wird. Die innenpolitische und ökonomische Kon-
solidierung Rußlands wird im Gegenteil die bei weitem
wichtigste Aufgabe der kommenden Jahrzehnte sein.

Gleichwohl steht Rußland auch vor einer Reihe
außenpolitischer Fragen. Dazu gehören an der Spitze
die Beziehungen zu Amerika, zu China und zur Europäischen Union, sodann die Beziehungen zu den vielen kleineren Nachbarn in Europa und Asien. Wie
die meisten europäischen Staaten ist auch Rußland
von transnationalem Wanderungsdruck, von grenz-
überschreitenden Seuchen und von internationalem
Terrorismus bedroht. Die Sicherheit des Landes wird in
absehbarer Zukunft jedoch von keinem anderen Staat
gefährdet. Niemand, der die Lage der Welt unvoreinge-
nommen betrachtet und bewertet, kann zu einem an-

deren Ergebnis gelangen. Es kann keine Rede davon sein, daß Rußland einen Angriff durch einen anderen Staat oder gar durch eine Allianz von Staaten befürchten und sich dagegen wappnen müsse.

Allerdings gibt es unter den Russen auch Stimmen, die einen militärischen Angriff auf ihr Land sehr wohl für möglich halten. Diese Furcht entspringt den aus sowjetischer Zeit und aus dem Kalten Krieg stammenden Denkgewohnheiten. Damals ging man davon aus, daß die eigene Hochrüstung das Gleichgewicht zwischen den beiden Giganten aufrechterhalte und daß dieses Gleichgewicht die entscheidende Voraussetzung für die Bewahrung des Friedens und der Sicherheit des eigenen Landes sei. Dieses im Grunde sehr einfache strategische Kalkül war nicht nur aus russischer Sicht plausibel, es wäre auch objektiv richtig gewesen, wenn nicht der bipolare Rüstungswettlauf mit den USA das Gleichgewicht immer wieder gefährdet hätte. Heute hat die militärische Potenz den *einen* Giganten zur globalen Supermacht werden lassen, die Rüstung des anderen dagegen ist zurückgegangen. Weil von einem globalen Gleichgewicht keine Rede mehr sein kann, so die Schlußfolgerung mancher Russen, sei Rußland bedroht.

Tatsächlich haben sich zwar in den neunziger Jahren die Rüstungsgewichte erheblich verschoben, Rußland ist jedoch immer noch und auch künftig zum sicheren atomaren Gegenschlag fähig. Deshalb werden auch künftig weder die USA noch Rußland an einen atomaren Krieg gegeneinander auch nur denken können. Zu einem konventionellen Krieg gegeneinander sind beide jedoch nicht fähig; auch die NATO als Ganzes wäre zu einem konventionellen Angriff auf

Rußland militärisch wie politisch außerstande. Ein entscheidender Unterschied zur Situation des Kalten Krieges, die man sich bildlich als zwei feindliche Skorpione in ein und derselben Flasche vorgestellt hat, liegt darin, daß Moskau heute nicht mehr weit über die Grenzen des eigenen Staates hinaus missionieren will. Das heutige Rußland ist kein Skorpion. Auch wenn einige der Nachbarn in Europa und Asien argwöhnisch bleiben, sind doch Nachbarschaft und Zusammenarbeit der Europäer oder der Chinesen mit den Russen in einem besseren Zustand als jemals im 20. Jahrhundert.

Man wird gleichwohl für die russische Skepsis Verständnis haben müssen. Denn aus russischer Sicht ist nicht nur die EU, sondern auch die Nordatlantische Allianz weit nach Osten vorgerückt; Truppen der NATO stehen auch auf dem Boden des ehemaligen jugoslawischen Staates und in Afghanistan; in Kirgisistan und Usbekistan gibt es heute amerikanische militärische Stützpunkte. In den Augen eines russischen Generals nimmt sich dieses Bild nicht wie eine freundschaftliche Umarmung aus, und er wird sich fragen, welche unfreundlichen Absichten dahinter verborgen sein könnten.

Die europäischen Regierungen haben sich ebenso wie auch Washington bemüht, diesem Eindruck der geopolitischen Einkreisung Rußlands entgegenzutreten; dem dienen der ständige gemeinsame NATO-Rußland-Rat, die Einbeziehung Rußlands in die Weltwirtschaftsgipfel, vielfache offizielle Besuche und Begegnungen. Vor allem haben die Europäer ihren großen Respekt vor dem russischen Volk, vor Putin und den Reformanstrengungen zum Ausdruck gebracht. Das wird auch künftig nötig sein. Als ein Deutscher, der als Soldat am Zweiten Weltkrieg beteiligt war und auf russischem Boden gegen russische Soldaten gekämpft hat, bin ich besonders dankbar, daß heute kaum noch gegenseitiger Haß zu spüren ist und daß unsere beiden Regierungen eindeutig vom Willen zu fairer Partnerschaft geprägt sind.

Entscheidend könnte in den nächsten Jahrzehnten eine zunehmend engere ökonomische Zusammenarbeit werden. Rußland braucht europäische Investitionen, die europäischen Volkswirtschaften brauchen russisches Öl und Gas. Es ist erfreulich, daß Deutschland heute für russische Exporte und ebenso für russische Importe an erster Stelle der Handelspartner steht; allerdings ist der Umfang des wirtschaftlichen Austauschs noch gering, jährlich etwas über zehn Milliarden Euro in beiden Richtungen. Aus russischer Sicht wird zunächst der Beitritt zur Welthandelsorganisation erstrebenswert sein; später wird man an eine Assoziierung mit der EU oder an eine Freihandelszone denken. Aus der Sicht der EU, zumal nach ihrer östlichen Erweiterung, wird dafür Interesse bestehen; allerdings wird die Herstellung ausreichender Rechtssicherheit innerhalb Rußlands eine Bedingung sein.

Wenn man sich fragt, welche Alternativen oder Optionen die russische Außenpolitik hat oder haben wird, so gibt es darauf eine vielfältige Antwort. Aus russischer Sicht ist das Verhältnis zu den USA derzeit das wichtigste Feld. Man bemüht sich um partnerschaftliche Beziehungen, fühlt sich aber unsicher hinsichtlich der amerikanischen Zielsetzungen gegenüber Rußland. Im Falle des Irak-Krieges hat Moskau sich im

Jahre 2003 aus den gleichen Gründen wie Peking gegen die USA gestellt. Beide sind aus ihrem eigenen Interesse dringend daran interessiert, daß die Charta der UN und die Funktionen der Weltorganisation, speziell aber die Kompetenz des Sicherheitsrates, nicht beschädigt werden. Sofern die USA bei der Tendenz zum Alleingang bleiben sollten, wird man sich in Moskau fragen, wie weit man im Willen zur Partnerschaft mit Amerika gehen soll. Daraus kann dann eine stärkere Anlehnung an Europa und auch an China resultieren; ein andauernder Spagat könnte jedoch schmerzhaft werden.

Auf zwei Gebieten stimmen russische und amerikanische Interessen ohne weiteres überein: bei der Verhinderung der weiteren Verbreitung von atomaren Waffen und anderen Massenvernichtungswaffen und bei der Abwehr des islamistischen Terrorismus. Allein aus diesen Gemeinsamkeiten erwächst jedoch noch keine langfristig angelegte Außenpolitik. Weil die Europäer ihrerseits auf absehbare Zeit nicht zu einer gemeinsamen Außenpolitik finden, kann Rußland sich einstweilen nur wirtschaftlich, nicht aber bündnispolitisch an Europa binden. In Rußlands Verhältnis zu China könnten durch den heimlichen Wanderungsdruck aus dem chinesischen Nordosten Spannungen auftreten; wahrscheinlicher ist aber, daß beide Weltmächte ihr gegenwärtig gutes Verhältnis durch dergleichen nicht gefährden lassen. Allein wegen der überragenden Macht der USA bleibt vorerst ein gewisses Maß an Partnerschaft zwischen Moskau und Peking geboten; eine enge und langfristige Bindung zwischen ihnen ist dagegen kaum zu erwarten. Was die Entwicklungen im Mittleren Osten und in Zentralasien angeht, wird sich Moskau in Erwägung seiner innenpolitischen und ökonomischen Prioritäten in beiden Regionen um Zurückhaltung bemühen. Rußland ist friedlich gestimmt. Das gilt auch für das Militär, für die Bürokratie und für die Diplomaten. Das Land braucht Zeit für den dringend nötigen Reformprozeß.

Sofern die innenpolitische und die ökonomische Entwicklung in der Ukraine und in Weißrußland hinter derjenigen Rußlands weiterhin zurückbleiben sollte, kann es nach einer tausendjährigen gemeinsamen Geschichte, angesichts sprachlicher und kultureller Gemeinsamkeiten und wegen der engen gegenseitigen wirtschaftlichen Abhängigkeit zu einer Wiedereingliederung kommen. Wenn ein solcher Prozeß selbstbestimmt und gewaltfrei verliefe, wäre ausländische Einmischung ein schwerer Fehler. Denn der Stolz des russischen Volkes und sein Patriotismus sind empfindlich. Zwar sind die alten Eliten zerstoben, neue Eliten bilden sich erst langsam. Aber gerade in der schwierigen Phase des Übergangs darf Rußland von seinen Partnern ein besonderes Einfühlungsvermögen erwarten.

Ohnmächtig am Rand der Welt

Es gibt eine Reihe großer Staaten, die weder in der Weltwirtschaft noch in der Weltpolitik eine größere Bedeutung haben oder eine Rolle spielen. Dazu gehört Indonesien, der Bevölkerungszahl nach mit derzeit 210 Millionen hinter China, Indien und den USA an vierter Stelle der Welt stehend. Dazu gehören des weiteren Bangladesch mit seinen 135 Millionen Menschen und Nigeria mit 125 Millionen. Auch die beiden größten Staaten Lateinamerikas, Brasilien mit 175 Millionen und Mexiko mit 100 Millionen Menschen, finden sich am Rande. Für das Fernsehpublikum kommen sie nur dann vorübergehend ins Bild, wenn es eine Naturkatastrophe, einen Putsch oder gar einen Krieg gibt. Für die globale Wirtschaft werden sie vorübergehend wichtig im Falle einer Kredit- und Banken- oder Währungskrise. Ansonsten kommen diese Staaten im täglichen Fluß unserer Nachrichten nur selten vor.

Auf diese Weise liegt fast der gesamte afrikanische Kontinent im Abseits. Alle 53 Staaten Afrikas sind Entwicklungsländer. Alle leiden an massenhafter Armut. Afrika ist der einzige Kontinent, für den in den letzten Jahrzehnten ein Anstieg extremer Armut verzeichnet wurde; arm sind vor allem die Menschen in den schwarzafrikanischen Staaten südlich der Sahara. Bei diesen Staaten handelt es sich meist um künstliche Gebilde, sie verdanken ihre Grenzen weitgehend dem Zufall und der Willkür der ehemaligen Kolonialmächte. Die Bemühung um *nation-building* gelingt bisher nur in wenigen Fällen. Oft war Staatsverfall die natürliche Folge – das Beispiel Kongo/Zaire steht für ein Dutzend anderer Staaten. Südafrika und die beiden Kleinstaaten Botswana und Mauritius sowie einige wenige westafrikanische Staaten haben dagegen deutliche Entwicklungsfortschritte gemacht und relativ hohe Pro-Kopf-Einkommen erreicht. Die große Mehrzahl der Afrikaner jedoch lebt in Ländern, die sich zwischen den beiden Extremen finden, zwischen Entwicklungsfortschritt und Staatsverfall.

Politische Führungspersönlichkeiten, die kraft natürlicher Autorität und nicht kraft militärischer Macht regieren, sind selten in Afrika. Das gilt erst recht für Führer, die weit über die Grenzen ihres Staates hinaus wirken – Politiker wie vor Jahrzehnten Nasser und Sadat oder, gegen Ende des vorigen Jahrhunderts, Nelson Mandela oder, um einen aktiven Politiker der Gegenwart zu nennen, möglicherweise der Nigerianer Obasanjo, der aber durch die zusammengewürfelten Strukturen seines Staates besonders behindert ist. Angesichts häufiger Krisen, bewaffneter Konflikte und fehlender politischer und staatlicher Traditionen sind jedoch unzulängliche Regierungen und Institutionen wie auch Korruption weit verbreitet. Afrika leidet schwer unter mangelnder Infrastruktur, einem unzulänglichen Schul- und Bildungssystem und einer katastrophalen medizinischen Unterversorgung. Trotz aller

Entwicklungshilfe durch die Industriestaaten, die Weltbank und zahlreiche private Organisationen ist eine Trendwende nicht in Sicht.

Die Gesundheitssituation hat sich im Gegenteil im letzten Jahrzehnt noch einmal deutlich verschlechtert. Im Jahre 2000 lebten im subsaharischen Afrika 36 Millionen Menschen, die mit Aids (HIV) infiziert waren, das waren fast drei Viertel aller Aids-Infizierten der Welt; jährlich sterben drei Millionen an Aids, täglich infizieren sich 16 000 Menschen neu mit dem HIV-Virus. So ist ein demographischer Erdrutsch in Afrika denkbar geworden. Die Folgen der Bevölkerungsexplosion auf der einen, Aids auf der anderen Seite könnten im Laufe von zwei Jahrzehnten dazu führen, daß die durchschnittliche Lebenserwartung von heute 59 auf 45 Jahre absinkt. Aids ist ein gefährlicher Faktor; im Laufe weniger Jahrzehnte könnten alle anderen Faktoren, die Afrika zur globalen Entwicklung beiträgt – einschließlich des Erdöls und aller Rohstoffe –, in ihrer Bedeutung dahinter zurücktreten.

Insgesamt darf man davon ausgehen, daß für die politische Entwicklung der Welt aus Afrika in den nächsten Jahrzehnten keine akuten Gefahren drohen. Wohl aber werden schleichende Gefahren die Welt belasten: transkontinentaler Wanderungsdruck und Seuchen. Viele Menschen in den Industrieländern sind wegen unterlassener Hilfeleistung von einem schlechten Gewissen geplagt.

In Lateinamerika ist die ökonomische Situation erheblich günstiger als in Afrika, wenngleich es eine Reihe regionaler Ausnahmen und, ähnlich wie in Afrika, gewaltige Unterschiede zwischen vielen Armen, wenigen Wohlhabenden und sehr wenigen Reichen gibt. Die weitreichende Gemeinsamkeit der Sprache und der katholischen Kirche sowie die historisch gewachsene Legitimität der lateinamerikanischen Staaten tragen zum allgemeinen Frieden zwischen den Staaten bei. Der innere Friede dagegen ist in manchen der insgesamt 33 lateinamerikanischen Staaten labil. Das Vertrauen in das Militär ist dort größer als das in die demokratischen Institutionen und die Regierung; deshalb werden auch in Zukunft Militärdiktaturen immer wieder möglich sein.

Mexiko orientiert sich ökonomisch eindeutig und einseitig schon seit längerem an den USA. Die seit einem Jahrzehnt funktionierende Nordamerikanische Freihandelszone NAFTA wirkt sich bereits aus; über achtzig Prozent der mexikanischen Exporte gehen in die USA, dazu kommen Tourismus und Migration. Die ökonomische Bindung wird zunehmend auch zu außenpolitischer Bindung an die USA führen. Das gilt, in deutlich geringerem Maße, ähnlich für die 16 Kleinstaaten Zentralamerikas und der Karibik.

Auf der anderen Seite geht von Brasilien, dem größten der lateinamerikanischen Staaten, eine Tendenz zur Abgrenzung gegenüber den USA aus, hin zu südamerikanischer Integration und Identität. Die im Mercosur, dem Gemeinsamen Markt des Südens, zu einer Zollregion vereinigten und assoziierten Staaten haben den in Lateinamerika höchsten Entwicklungsstand und das höchste Durchschnittseinkommen; Brasilien, Argentinien und Chile ragen heraus. Weil als regelmäßige Folge übermäßiger Budgetdefizite in Lateinamerika immer wieder Finanz- und Währungskrisen auftreten, die unter der Führung des stark unter US-amerikanischem Einfluß agierenden Weltwährungsfonds gelöst werden müssen, und wegen des großen lateinamerikanischen Engagements der privaten US-amerikanischen Banken wird es den USA voraussichtlich nicht sonderlich schwerfallen, ihren überragenden Einfluß auf die lateinamerikanische Entwicklung aufrechtzuerhalten. Hinsichtlich der dazu erforderlichen Mittel ist man in Washington nie besonders wählerisch gewesen.

Drei Länder bilden aus unterschiedlichen Gründen eine Ausnahme. Dazu gehört das kommunistisch-diktatorisch regierte Kuba. Offenkundig hat Washington seit langem den Gedanken an Gewaltanwendung aufgegeben; statt dessen wartet man das Ende von Fidel Castro ab und hält im übrigen an dem Militärstützpunkt in Guantanamo fest. Man kann allerdings nicht sicher sein, daß der zu einem späteren Zeitpunkt fällige Übergang zu einer liberaleren Regierung ohne Verwicklungen und ohne US-amerikanische Einmischung in Kuba ablaufen wird.

Aus einem ganz anderen Grund bildet Kolumbien einen Sonderfall. Kolumbien ist für die Welt der Hauptlieferant von Kokain; es deckt drei Viertel der Nachfrage und ist darin allein Afghanistan vergleichbar, das bis heute der Hauptlieferant für Schlafmohn und Heroin ist. Weil Kolumbien mit seinen über vierzig Millionen Menschen miserabel regiert ist und seit vier Jahrzehnten von Guerilla- und kriminellen Bandenkriegen heimgesucht wird, die alljährlich bis zu 30 000 Menschenleben kosten, hat sich unter den anarchischen Zuständen des Landes eine ausgedehnte Drogenökonomie entwickelt. Die USA haben trotz ihrer großen Militärpräsenz bisher nur zögernd eingegriffen, die europäischen Staaten halten sich zurück. Da auch die Kolumbien benachbarten Andenstaaten Peru und Bolivien in großem Maße Koka herstellen – insgesamt scheint in den drei Staaten auf bis zu 200 000 Hektar Koka angebaut zu werden –, droht aus dieser Region eine Gefahr, was den steigenden Drogenkonsum vornehmlich in Nordamerika und Europa betrifft.

Der dritte Sonderfall ist Venezuela. Hier ist die innenpolitische Situation gegenwärtig chaotisch; die staatliche Autorität war schon seit längerem einem Verfallsprozeß ausgesetzt. Das Land ist als Ölexporteur von Bedeutung; seine Rohölreserven sind größer als diejenigen Rußlands, sie werden allein von denen der arabischen Ölstaaten übertroffen. Das Land liegt unter den ölexportierenden Staaten der Welt an fünfter Stelle und liefert etwa ein Sechstel der US-amerikanischen Ölimporte. Die venezolanischen Fördermengen haben erheblichen Einfluß auf den Weltmarktpreis. Da der Staatshaushalt fast zur Hälfte auf den Öleinnahmen beruht, hatte die zeitweilige Lahmlegung der Ölförderung auch eine schwere ökonomische Krise des ohnehin von hohen Arbeitslosigkeits- und Inflationsraten geplagten Landes zur Folge. Für die nähere Zukunft zeichnet sich keine Besserung der verworrenen inneren Lage ab. Internationale Auswirkungen sind nicht auszuschließen.

Die drei hier hervorgehobenen Staaten stehen zugleich für einige andere, kleinere Krisenländer in Lateinamerika, sie sind jedoch nicht kennzeichnend für den Kontinent insgesamt. Allerdings zeigen sie, daß es denkbare Ansatzpunkte für ausländische, sprich US-amerikanische, Einmischungen gibt und geben wird. Gegenwärtig sind die Beziehungen der lateinamerikanischen Staaten zu den USA ziemlich unübersichtlich. Einige Regierungen haben sich deutlich gegen den amerikanischen Irak-Krieg ausgesprochen, darunter sogar Mexiko; die meisten haben sich zurückgehalten, Kolumbien dagegen hat sich in die »Koalition der Willigen« eingereiht. Im Fall einer ernsten Krise in Lateinamerika ist mit US-amerikanischer Einflußnahme und Einmischung zu rechnen, nicht jedoch mit chinesischem oder russischem oder europäischem Engagement; der bizarre Krieg zwischen England und Argentinien wegen der Falkland-Inseln 1982 wird eine Ausnahme bleiben. Washington seinerseits hält sich seit einigen Jahren zurück, was angesichts vieler früherer Einmischungen vor allem in Zentralamerika und in der Karibik beinahe als ungewöhnlich erscheint; möglicherweise spielt dabei die Rücksichtnahme auf die Hispanics eine Rolle, die als Wähler in den USA zunehmend an Gewicht gewinnen.

Seit den Zeiten Simón Bolívars und Alexander von Humboldts ist in Lateinamerika kaum eine Führungspersönlichkeit in Erscheinung getreten, die über die eigene Nation hinaus Wirkung erzielt hätte. Che Guevara und Fidel Castro haben zwar zeitweise einige amerikanische und europäische Ultralinke begeistert, im eigenen Kontinent sind sie aber Übergangsfiguren geblieben, ebenso wie Evita und Juan Perón. Die überall drängenden innenpolitischen, wirtschaftlichen und sozialen Probleme scheinen jedes Engagement über die Grenzen hinweg zu behindern. Wer erfassen will, wie groß die wirtschaftlichen Probleme sind, braucht sich nur eine einzige Zahl vorzustellen. Brasilien und Mexiko, die zusammen weit über dreimal so viele Menschen zählen wie Deutschland, erzeugen gemeinsam nur gut die Hälfte des deutschen Sozialproduktes. Das bedeutet: In den beiden bei weitem größten Ländern Lateinamerikas wird pro Kopf weniger als ein Sechstel der Güter und Leistungen erzeugt, die einem Bürger in Deutschland im Durchschnitt zur Verfügung stehen.

Nicht nur Brasilien und Mexiko, sondern alle 35 Staaten Lateinamerikas sind Entwicklungsländer. Einige wenige von ihnen werden im Laufe des 21. Jahrhunderts allmählich zu den Industrieländern aufschließen. Es wird dabei weniger auf Entwicklungshilfe von außen ankommen als vielmehr auf den eigenen Willen, auf die eigene Kraft und vor allem auf zielbewußte Regierungen. Die Mehrheit der lateinamerikanischen Staaten scheint heute nicht zu einer solchen Anstrengung fähig zu sein; insofern ähneln sie den meisten Entwicklungsländern in Afrika und in großen Teilen Asiens.

Als am Ende des Zweiten Weltkrieges die Weltbank und die Grundlagen der Entwicklungshilfe konzipiert wurden, konnte man die Bevölkerungsexplosion in den Entwicklungsländern nicht vorhersehen. Wenn es bei den Geburtenraten geblieben wäre, die man damals aufgrund der Entwicklung in der ersten Hälfte des 20. Jahrhunderts annahm, hätte die Entwicklungshilfe für viele Entwicklungsländer wahrscheinlich eine ganz erhebliche Verbesserung der Infrastruktur und des Lebensstandards bedeutet. Tatsächlich ist ein durchschlagender Erfolg aber nur in einigen Ausnahmefällen eingetreten, in der Mehrzahl der Fälle blieb der Erfolg unzureichend. Die Ursachen für diesen Fehlschlag liegen nicht nur in der Bevölkerungsexplosion, zu der die Entwicklungshilfe durch Einführung moderner Medizin und Hygiene unbeabsichtigt, aber entscheidend beigetragen hat. Sie liegen auch in dem Umstand, daß jene Entwicklungsländer, welche im Dekolonisierungsprozeß gleichsam über Nacht entstanden, meist weder über feste Strukturen noch über leistungsstarke Eliten verfügen. Es war fast zwangsläufig, daß sich die Regierungen in vielen Fällen durch den Aufbau eines eigenen Militärs die nötige Basis schufen. Später hat dann das Militär seine eigenen Ansprüche gestellt. Heute sind die jährlichen Militärhaushalte der Entwicklungsländer viele Male größer als die ihnen jährlich zukommende Entwicklungshilfe – schlimmer noch: Die von einigen Industrieländern geleistete finanzielle Entwicklungshilfe ist in Wahrheit nur eine verdeckte Finanzierung von Rüstungsimporten.

In den fortgeschrittenen Industriestaaten gibt es nicht wenige Menschen, die aus Idealismus und Solidarität für eine wesentliche Ausweitung der Entwicklungshilfe eintreten; viele von ihnen tragen aktiv zur Arbeit der privaten Nicht-Regierungsorganisationen (NGO) bei. Weil für die Masse aber die eigenen Bedürfnisse Vorrang haben und die Regierenden dem nachgeben, weil sie alle vier Jahre wiedergewählt werden wollen, scheint eine Ausweitung der Entwicklungshilfe auf feste Schranken zu stoßen – ganz abgesehen davon, daß sie wenig bewirken würde. Die Suche nach einem Schuldigen führt neuerdings zu einem propagandistischen Feldzug gegen »die Globalisierung«. Weil die Veranstalter solcher Demonstrationen keinen persönlich Schuldigen finden, den es tatsächlich auch gar nicht gibt, dämonisieren sie die Entwicklung als solche. Abgesehen davon, daß die Globalisierung von Technologie, Information und Finanzen ohnehin an vielen Entwicklungsländern einstweilen ohne ökonomische Folgen vorübergeht, würde ein Versuch, den Prozeß rückgängig zu machen oder wenigstens zu stoppen, niemandem nützen, auch nicht den Entwicklungsländern.

Helfen könnte dagegen die Aufhebung aller Schutzzölle, welche die Industriestaaten errichtet haben, um ihre eigene Landwirtschaft und Industrie abzuschirmen. Diese Zölle verwehren es den Entwicklungsländern, ihre Rohstoffe und Agrarprodukte in den Industriestaaten zu verkaufen. Der Erfolg wäre allerdings begrenzt, weil der Wegfall von Zöllen auch anderen Teilnehmern am Welthandel nützen würde. Gezielte Hilfe könnte so aussehen, daß die Geberländer ihre Entwicklungshilfe künftig von zwei Bedingungen abhängig machen, nämlich von einer Begrenzung der Militärausgaben des Empfängerlandes und von einer ernsthaften Bemühung um Geburtenbeschränkung durch geplante Elternschaft. Beide Bedingungen würden aber wahrscheinlich aus ideologischen und politischen Gründen in der Mehrzahl der Länder, sowohl der Geber- als auch der Empfängerländer, auf Ablehnung stoßen.

Es scheint, daß es unter dem Strich eine prinzipielle und allgemeine zusätzliche Hilfe für die Entwicklungsländer in den nächsten Jahrzehnten nicht geben wird. Vielmehr werden die Probleme noch auf lange Zeit von Land zu Land verschieden behandelt werden müssen.

Deshalb wird es wahrscheinlich auch bei dem verschiedenen Gewicht der Entwicklungsländer bleiben. China, das bei weitem bedeutendste unter ihnen, wird eine große und weiterhin wachsende Rolle spielen, gefolgt von Indien. Während die große Mehrheit der afrikanischen und lateinamerikanischen Staaten auch weiterhin fast ausschließlich von inneren Problemen in Anspruch genommen sein dürfte, ist es durchaus möglich, daß Brasilien in der Weltpolitik und Weltwirtschaft zunehmend eigenes Gewicht entfaltet, während Mexiko sich endgültig an die USA anlehnen könnte. Weniger eindeutig erscheint die Entwicklung für viele der islamischen Staaten, besonders für diejenigen im Mittleren Osten.

Eine gemeinsame Tendenz in der Außenpolitik der Entwicklungsländer ist nicht zu erwarten. In ihrer Mehrzahl werden sie auch in den nächsten Jahrzehnten am Rande stehen und an den großen Richtungsentscheidungen mehr passiv als aktiv beteiligt sein. Aber natürlich wird es auch in Zukunft von Zeit zu Zeit globale Verwerfungen geben, nicht zuletzt durch regelmäßig wiederkehrende Finanz- und Währungskrisen in den großen asiatischen und lateinamerikanischen Entwicklungs- und Schwellenländern.

Europas schwierige Selbstbehauptung

Für die große Mehrheit der Chinesen oder der Japaner, der Inder oder Perser, der Araber oder Afrikaner scheint Europa durch eine einzige zusammenhängende Zivilisation geprägt zu sein. Tatsächlich aber gibt es in Europa mehr als drei Dutzend Nationen und Staaten. Es gibt fast ebenso viele nationale Sprachen, die meisten von ihnen mehr als ein Jahrtausend alt. Es gibt zahllose nationale Geschichtsschreibungen und Traditionen. Und mehr als tausend Jahre haben die Völker Europas Kriege gegeneinander geführt. Die beiden Weltkriege des 20. Jahrhunderts sind von Europa ausgegangen. In den Jahrhunderten davor haben europäische Nationen ihren Imperialismus über die ganze Welt verbreitet – als erste die Spanier, Portugiesen, Holländer, dann Engländer, Franzosen, Russen, Belgier und ganz zum Schluß auch die Deutschen.

Wenn den Menschen in Asien oder Afrika diese blutige Geschichte der europäischen Völker geläufig wäre, müßte ihnen der heutige Zusammenschluß von fünfundzwanzig europäischen Völkern zu einer Europäischen Union erstaunlich vorkommen. Die Europäische Union ist tatsächlich erstaunlich – zumal in jedem einzelnen Fall der Beitritt einer Nation auf deren eigenem

Entschluß beruht. Einen freiwilligen Verzicht vieler Nationen auf Teile ihrer nationalen Souveränität hatte es in der Weltgeschichte bisher nicht gegeben.

Natürlich wäre der europäische Zusammenschluß nicht möglich gewesen, wenn es nicht den gemeinsamen kulturellen Boden gäbe. Das Christentum, wenn auch in verschiedener Ausprägung, ist die gemeinsame europäische Religion. Es gibt einen großen gemeinsamen Schatz an Wissenschaft und Philosophie, zwar in verschiedenen Sprachen überliefert, aber doch gemeinhin in lateinischer Schrift. Überall herrscht die Trennung von Kirche und Staat, zwischen religiöser und politischer Autorität. Fast überall hat sich im Laufe der letzten Jahrhunderte die Aufklärung durchgesetzt. Es gibt eine weithin gemeinsame Kultur des Rechts, der Grundrechte und der unabhängigen Rechtsprechung. Es gibt die gemeinsame politische Kultur des Verfassungsstaates und der Demokratie. Hinzu kommt die gemeinsame ökonomische Kultur der Gewerbefreiheit, des privaten Eigentums, der Orientierung durch Märkte und der Sicherheit durch den Wohlfahrtsstaat. Und all diese Gemeinsamkeiten werden seit Jahrhunderten überwölbt durch die europäische Literatur, Kunst, Architektur und Musik. Von Griechenland bis Finnland, von Spanien bis Polen finden wir diesen gemeinsam entwickelten kulturellen Fundus.

Allerdings gibt es einige Ausnahmen. Die wichtigste Ausnahme bilden die Russen, von denen zwar wichtige, allgemein hoch geschätzte Beiträge zur europäischen Literatur und Musik gekommen sind, die jedoch an den übrigen Entwicklungen nur einen geringen Anteil haben. Wenig Anteil haben auch die Ukrainer, mehrere Völker auf der Balkan-Halbinsel und fast alle Völker, die nördlich und südlich des Kaukasus zu Hause sind – ganz zu schweigen vom türkischen Volk. Dies zu konstatieren bedeutet keineswegs, den genannten Völkern und ihren im Laufe der Geschichte anders gewachsenen Kulturen den Respekt zu versagen. Wohl aber müssen die europäischen Politiker, die für die Integration Europas und für eine handlungsfähige Europäische Union eintreten, sich dieser bedeutsamen Unterschiede bewußt sein, wenn es um künftige Erweiterungen der EU geht.

Die erste Proklamation der europäischen Integration stammt von Victor Hugo. Im August 1849 hat er als Präsident eines internationalen Kongresses in Paris in einer großen Rede die »Vereinigten Staaten von Europa« gefordert. Hugo ging von der Bewahrung der »ruhmreichen Individualität« der europäischen Nationen aus, die er erhalten wollte. Zugleich aber wollte er – auf der Grundlage des allgemeinen Stimmrechts – für ganz Europa ein gemeinsames souveränes Parlament; er trug sogar schon die Gedanken eines gemeinsamen Marktes und eines Schiedsgerichtes vor. Es hat fast einhundert Jahre gedauert, bis nach mehreren katastrophalen Kriegen ein anderer großer Europäer den Gedanken abermals vortrug. 1946 proklamierte Winston Churchill in einer strategischen Rede in Zürich die Notwendigkeit der Versöhnung zwischen Franzosen und Deutschen; und er schlug vor, die »Vereinigten Staaten von Europa« zu begründen (allerdings sollte England nicht daran beteiligt sein). Es hat danach noch vier Jahre gedauert, bis 1950 mit dem Schuman-Plan und mit der Gründung der Montan-Union für Kohle und Stahl tatsächlich der Anfang gemacht wurde (Robert Schuman war damals französischer Außenminister; der geistige Urheber des Schuman-Plans war Jean Monnet).

Zwei strategische Motive gaben den Ausschlag für diesen zu jener Zeit unerhörten ersten Schritt: zum einen, eine Barriere zu bilden gegen die drohende imperialistische Expansion der Sowjetunion – dafür brauchte man neben anderen auch die Deutschen –, und zum andern, dauerhaft die Deutschen einzubinden. Es ging damals nur um Westdeutschland, das zu jener Zeit kaum 50 Millionen Menschen zählte, dessen Wiederaufstieg man aber voraussah. Die Notwendigkeit einer Barriere gegen die Sowjetunion hat sich mit deren Ende erübrigt; wir brauchen auch künftig keine Barriere gegen Rußland. Das Motiv der dauerhaften Einbindung der Deutschen aber bleibt für das ganze 21. Jahrhundert von hoher Bedeutung – erst recht seit der Wiedervereinigung Deutschlands 1990.

Schon im Laufe der fünfziger Jahre kam man zu der Einsicht, daß es auf Dauer nicht ausreichen werde, einen gemeinsamen Markt nur für Kohle und Stahl zu haben, sondern daß man für alle Güter und alle Leistungen einen gemeinsamen Markt brauche. Diese Einsicht hat zur Konferenz von Messina und 1958 zu den Römischen Verträgen geführt. Ausschlaggebend war diesmal die Aussicht auf den ökonomischen Vorteil durch einen großen gemeinsamen Markt. Dieses Motiv gilt noch heute, es wird auch in Zukunft Bestand haben; Amerikaner nennen dies den Vorteil der *economy of great scale*. Das ökonomische Motiv war übrigens für eine Reihe der später beigetretenen Staaten das ent-

scheidende Motiv, in den neunziger Jahren zum Beispiel für die drei Neutralen Finnland, Schweden und
Österreich. Auch der Beschluß zur Schaffung der gemeinsamen Währung 1992 entsprang dem ökonomischen Interesse an der Herstellung des gemeinsamen
Marktes, der ohne eine einheitliche Währung partiell
eine Selbsttäuschung geblieben wäre.

Vom Schuman-Plan des Jahres 1950 bis in die neunziger Jahre hat sich die Zahl der am europäischen
Zusammenschluß beteiligten Staaten schrittweise erhöht. Gründungsstaaten waren Frankreich, Deutschland (West), Italien und die drei Beneluxländer Belgien,
Holland und Luxemburg; Anfang der siebziger Jahre
traten England, Dänemark und Irland hinzu; in den
achtziger Jahren folgten, nach dem Ende ihrer Diktaturen, Spanien, Portugal und Griechenland, 1995 schließlich die drei Neutralen. Dieser Erweiterungsprozeß von
sechs auf fünfzehn souveräne Staaten war schwierig,
weil immer wieder nationale Egoismen und Vorurteile
im Wege standen und zahlreiche Interessenkonflikte
ausgeglichen werden mußten. Alle Krisen konnten
schließlich überwunden werden, weil die Erweiterung
und die inhaltliche und institutionelle Vertiefung
schrittweise erfolgten.

Als ich in den fünfziger Jahren Mitglied des Europäischen Parlamentes war, wurde man noch en bloc
durch Beschluß des jeweiligen nationalen Parlaments
entsandt. Heute werden die Abgeordneten in ganz
Europa gleichzeitig von den Bürgern gewählt, das Europäische Parlament hat an Einfluß und Macht gewonnen. Als wir 1979 das Europäische Währungssystem
(EWS) begründeten, war der ECU zunächst eine Refe-

renzwährung als gemeinsamer Maßstab; gezahlt wurde weiterhin in der jeweiligen nationalen Währung. Die nationalen Währungen konnten einvernehmlich ihre Parität zum ECU verändern, die geldpolitische Verantwortung lag bei den nationalen Zentralbanken. Heute zahlt man in Euro, und die geldpolitische Verantwortung liegt bei der Europäischen Zentralbank. Aus der Europäischen Gemeinschaft für Kohle und Stahl (EGKS) war die Europäische Wirtschafts-Gemeinschaft (EWG), die Europäische Gemeinschaft (EG) und schließlich die Europäische Union (EU) geworden. Hunderte kleiner Schritte und ein Dutzend größerer Schritte haben bis zum Jahre 1992 ein Maß an europäischer Integration herbeigeführt, das noch zehn Jahre vorher niemand erwartet hatte.

Aber nun fiel die sowjetische Bedrohung weg. Die USA hatten den Zusammenschluß Europas über Jahrzehnte begünstigt und hilfreich begleitet; auch das Atlantische Bündnis hatte mit seinen die europäischen Regierungen einbeziehenden außenpolitisch-strategischen Entscheidungen die europäische Integration befördert. Jetzt aber erstarkte der hegemoniale Anspruch Amerikas. Noch 1990 wäre ohne das Engagement der außenpolitisch umsichtigen Administration des Präsidenten George Bush sen. der französische und der englische Widerstand gegen die Vereinigung der beiden deutschen Staaten schwerlich überwunden worden. Wenn sich François Mitterrand und Margaret Thatcher mit ihrem Widerstand durchgesetzt hätten, wäre ein Ende des europäischen Integrationsprozesses nicht auszuschließen gewesen. Ohne Bush sen. und ohne Gorbatschow, ohne die von ihnen gewollte Prozedur des

Zwei-plus-Vier-Vertrages – zunächst die beiden Deutschen miteinander verhandeln zu lassen und erst danach die vier Siegermächte des Jahres 1945 – wäre Europa einer schweren Krise entgegengegangen. Im Jahre 2003 jedoch, nicht einmal anderthalb Jahrzehnte später, versuchte die Administration George Bush jr., die Gemeinschaft der europäischen Staaten aufzuspalten und das »neue« gegen das »alte« Europa auszuspielen.

Im Rückblick erscheint das Jahr 1992 als der bisherige Höhepunkt der europäischen Einigung. Es war das Jahr des Entschlusses zur gemeinsamen Währung und zur Einladung an eine Reihe bisher kommunistisch regierter Staaten, an der Spitze Polen, die Tschechoslowakei und Ungarn, der EU beizutreten. Gleichzeitig sind aber von diesem Zeitpunkt an zunehmend schwerwiegende Versäumnisse zu beklagen. Die Institutionen der EU und die Verteilung der Kompetenzen zwischen ihnen, die Verfahrensregeln und die finanzpolitischen Regeln waren auf einen Verbund von sechs Staaten zugeschnitten, für einen Verbund von neun Staaten hatten sie gerade noch ausgereicht; für den Verbund von zwölf und schließlich fünfzehn Staaten – jeder einzelne mit Veto-Recht in jeder Frage – waren sie insgesamt bereits unzureichend. Die Regierungschefs und die Minister der Mitgliedsstaaten haben die Defizite nicht rechtzeitig erkannt. Als sie schließlich ihre Versäumnisse begriffen, erwiesen sie sich als unfähig, Abhilfe zu schaffen. Seit Maastricht 1992 haben sie zwar drei weitere Regierungskonferenzen in Amsterdam, Nizza und Rom/Brüssel abgehalten; der Aufwand war groß, der Erfolg jedoch fast gleich null.

Dennoch lud man zwölf weitere Staaten – und zusätzlich die Türkei, wenn auch nur bedingt und undeutlich – zum Beitritt ein. Eine übereifrige Exekutive, die Kommission in Brüssel, führte die Beitrittsverhandlungen so zügig, daß im Frühjahr 2004 tatsächlich zehn zusätzliche Mitgliedsstaaten feierlich in die EU aufgenommen wurden, obwohl die Institutionen für jetzt 25 Staaten immer noch fast genauso unzureichend sind wie zwölf Jahre zuvor für damals nur halb so viele Staaten; zum Beispiel besteht die Exekutive heute aus 25 Personen, dabei wäre schon eine Kommission mit 15 Personen voll ausreichend. Eine Änderung der Institutionen und Verfahren, nunmehr aufgrund eines Entwurfes zu einer Verfassung, den ein in den geltenden Verträgen nicht verankerter Konvent und vor allem dessen Präsident Giscard d'Estaing erarbeitet hat, bedarf der Ratifikation durch alle 25 Mitgliedsstaaten. Bis zum Inkrafttreten der Verfassung werden noch einige Jahre vergehen. An dem seit 1992 anhaltenden Stillstand der EU wird sich vorerst wenig ändern.

In den Jahren 2002/03 haben die Regierungen in Washington, London und Madrid im Streit über den amerikanischen Angriff auf den Irak versucht, die EU außenpolitisch aufzuspalten. Die Regierungen von sechs weiteren Mitgliedsstaaten und von einigen Kandidatenländern haben sich angeschlossen. Weder Blair noch Aznar oder Berlusconi haben im Europäischen Rat der Regierungschefs den ernsthaften Versuch einer Einigung auf eine gemeinsame Position unternommen, aber auch Chirac und Schröder haben dies nicht getan. Die einen haben sich bedingungslos hinter die USA gestellt und eigene Streitkräfte entsandt; die anderen haben den Anschein einer gegen die USA gerichteten Ad-hoc-Allianz mit Putin hervorgerufen und den Eindruck erweckt, als ob sie andere Mitglieder der EU bevormunden wollten. Zwar hatten fast alle in den Jahren zuvor grandiose Reden über eine gemeinsame Außen- und Sicherheitspolitik gehalten – der deutsche Außenminister schwärmte sogar von einer gemeinsamen europäischen Regierung –, und gemeinsam hatten sie den Spanier Solana zum außenpolitischen Sprecher der EU berufen. Aber nun erwiesen sich alle diese Proklamationen als bloßes Geschwätz.

Zu Beginn des 21. Jahrhunderts befindet sich die EU in einer tiefgreifenden Krise nicht nur ihrer Institutionen und ihrer außenpolitischen Handlungsfähigkeit, sondern zugleich auch ihrer ökonomischen und sozialen Strukturen. In den meisten der 25 heutigen Mitgliedsstaaten herrscht eine ungewöhnlich hohe strukturelle Arbeitslosigkeit, die im wesentlichen durch staatliche Überregulierung und Bürokratisierung, durch populistische Lohnpolitik und – teilweise – durch extrem ausgeweitete Sozialleistungen selbst verschuldet worden ist; die hervorstechenden Ausnahmen in Holland oder Dänemark bestätigen die Regel. In allen Mitgliedsstaaten findet sowohl eine Überalterung als auch gleichzeitig eine Schrumpfung der Gesellschaft statt. Die mit Sicherheit eintretenden Folgen gelangen nur langsam ins öffentliche Bewußtsein. Bisher hat keine der Regierungen ernsthafte Konsequenzen gezogen. Die meisten Regierenden – auch die meisten Brüsseler Kommissionsmitglieder – fassen die gemeinsamen europäischen Probleme der Arbeitslosigkeit und der Finanzierung staatlicher Aufgaben, besonders des Wohlfahrtsstaates, als ein zyklisches Problem der Konjunktur auf. Sie hoffen auf mehr ökonomisches Wachstum in Gestalt eines konjunkturellen Aufschwungs. Der aber wird die Strukturen kaum verändern – sofern er denn überhaupt stattfindet. Die Regierungen und die Parlamente gehen an strukturelle Reformen nur zögernd heran, weil sie unpopulär sind und deshalb Stimmen kosten. Die Brüsseler Kommission hat auf die Modernisierung der gesellschaftlichen und ökonomischen Strukturen in den Mitgliedsstaaten nur geringen Einfluß; ihre Initiativen laufen im übrigen meist nur auf zusätzliche Reglementierung hinaus.

Durch die zehn EU-Beitritte des Jahres 2004, vor allem durch den Beitritt Polens, Ungarns und der Tschechischen Republik, erhöht sich die Einwohnerzahl der EU um zwanzig Prozent, das gemeinsame Sozialprodukt aber nur um fünf Prozent. Die zehn neuen Mitgliedsstaaten produzieren im Durchschnitt pro Einwohner nur gerade halb soviel wie die 15 alten Mitgliedsstaaten. Natürlich erhoffen sich die beitretenden Regierungen bessere ökonomische Chancen durch die Beteiligung am gemeinsamen Markt, vor allem erwarten sie finanzielle Hilfen. Die Hoffnungen werden sich aber nur langsam, die Erwartungen nur zum kleinen Teil verwirklichen. Finanzielle Hilfen in einem Ausmaß, wie es seit 1973 Irland, seit 1981 Griechenland und seit 1986 Spanien und Portugal gewährt wurde, sind de facto ausgeschlossen; sie würden von den alten Mitgliedsstaaten erhebliche finanzielle Einbußen oder Steuererhöhungen verlangen. Enttäuschungen werden deshalb nicht ausbleiben. Gleichwohl erlangen die neu beitretenden Länder infolge ihrer Beteiligung am gemeinsamen Markt und infolge der Freizügigkeit der Arbeit und der Arbeitnehmer im Laufe des nächsten Jahrzehntes erhebliche ökonomische Vorteile. Weil sie fast alle von einem relativ niedrigen Sozialprodukt und einem relativ niedrigen Lebensstandard starten, wird ihr Wirtschaftswachstum im Durchschnitt wahrscheinlich höher ausfallen als das der alten EU-Staaten.

Wer den gegenwärtig kritischen Zustand der EU erkennt, muß eine längere Pause für nötig halten, ehe weitere Beitritte in Betracht kommen. Zunächst müssen die bestehenden institutionellen, ökonomischen und politischen Defizite bewältigt werden. Denn ein Scheitern der EU oder eine Schrumpfung zu einer bloßen Freihandelszone ist nicht mehr undenkbar. Ein baldiger Beitritt der armen Balkan-Staaten oder der Türkei würde die finanzielle Leistungsfähigkeit der EU und ihren Zusammenhalt ernsthaft gefährden. Im Falle der Türkei sind darüber hinaus nicht nur die erheblichen kulturellen Unterschiede gegenüber Europa zu bedenken, sondern auch die kulturelle Verwandtschaft der Türken mit den Muslimen in Asien und Nordafrika. Es kommt hinzu, daß die Türkei das einzige Mitgliedsland mit einer wachsenden Bevölkerung wäre. Das Land zählt heute fast siebzig Millionen und am Ende des 21. Jahrhunderts wahrscheinlich hundert Millionen Menschen. Das bedeutet: Schon in wenigen Jahrzehnten wäre die Türkei der volkreichste Staat der EU.

Aus englischer Sicht wären sowohl die Türkei als auch andere zusätzliche Mitgliedsländer durchaus willkommen, denn gegen eine Degeneration der EU zur Freihandelszone hat man in London nichts einzuwenden, eher im Gegenteil. England ist der EU nicht aus Überzeugung beigetreten, nicht aus der Erkenntnis, daß ein Beitritt im strategischen englischen Interesse liegt, sondern um Einfluß auf die Entwicklung Europas zu behalten. Dieses Motiv war entscheidend für die Premierminister Macmillan, Wilson, Thatcher und heute Blair; Edward Heath war die Ausnahme. Die Mehrheit der englischen Wähler empfindet ähnlich insular wie die Premierminister, sie neigt stärker zur Anlehnung an die USA als zum Verzicht noch so kleiner Teile ihrer Souveränität. Deshalb ist England auch der gemeinsamen Euro-Währung nicht beigetreten. Es ist kaum zu erwarten, daß London Initiativen zur Überwindung der Stillstandskrise ergreift, denn aus englischer Sicht ist der Stillstand ungefährlich, jeder Schritt hin zu einer stärkeren Integration dagegen unerwünscht.

Eine ähnliche, wenngleich weniger ausgeprägte Haltung ist für die nächsten Jahre auch in Polen, in der Tschechischen Republik und im Baltikum zu erwarten. Wenn die polnische Nation in absehbarer Zukunft gezwungen würde, sich zwischen den USA und der EU zu entscheiden, fiele die Entscheidung zugunsten Amerikas. Je mehr ein Volk unter der Bedrückung und Besatzung durch die Sowjetunion – und vorher durch Hitlers Deutschland – gelitten hat, um so deutlicher ist seine Neigung zu Amerika.

Im Falle der spanischen und der italienischen Regierung unter Aznar und Berlusconi, die sich gegen die Mehrheit ihrer Nationen im Irak-Krieg auf die Seite der USA gestellt haben, handelte es sich offenbar weniger um tiefsitzende Gefühle als vielmehr um persönlichen

Opportunismus. Auf längere Sicht ist damit zu rechnen, daß Italien und Spanien in ihrem eigenen strategischen Interesse der EU den Vorrang vor den USA geben werden, falls eine Politik der EU mit einer Politik Amerikas in Konflikt geriete. Dies gilt ebenso für die drei Benelux-Staaten, und es gilt eindeutig auch für Frankreich und Deutschland.

Es war Charles de Gaulle, der die Versöhnung der Franzosen mit ihren deutschen Nachbarn früh in die Wege leitete. Robert Schuman und Jean Monnet, Valéry Giscard d'Estaing und Jacques Delors haben den Weg zur europäischen Integration geebnet und deren erstaunlichen Erfolg möglich gemacht. Sehr viele Schritte, die dazu nötig waren, wurden auf französische Initiativen hin unternommen. Die politische Klasse Frankreichs erkannte früher als die meisten Politiker in den anderen europäischen Staaten, daß die Integration im eigenen nationalen Interesse lag. Die Abwehr sowjetisch-kommunistischer Expansionsbestrebungen und der Wunsch nach einer Einbindung Deutschlands spielten dabei als Motiv ebenso eine Rolle wie etwas später der ökonomische Vorteil durch den gemeinsamen Markt. Heute steht bei der politischen Klasse Frankreichs die Erkenntnis im Vordergrund, daß die europäischen Nationen angesichts der globalen Gefährdungen und gegenüber amerikanischer Hegemonie nur gemeinsam eine Chance zur Selbstbehauptung haben. Es war also nicht so sehr der Idealismus im Sinne Victor Hugos, sondern vielmehr die rationale Erkenntnis der Interessen Frankreichs, welche die französischen Staatsmänner geleitet hat.

Frankreich will Deutschland einbinden und sodann

gemeinsam mit den anderen Nachbarn den Gefahren von außen begegnen. Diese Strategie hat Deutschland – zunächst unter Führung Konrad Adenauers, später durch mich selbst und durch Helmut Kohl – akzeptiert und sich zu eigen gemacht. Dabei ist Deutschland aufgrund seiner Geschichte in der ersten Hälfte des 20. Jahrhunderts und aufgrund seiner geographischen Situation inmitten einer ungewöhnlich großen Zahl von direkten Nachbarn aus strategischem Interesse noch stärker auf die Integration angewiesen als Frankreich. Aus einer zunächst überwiegend skeptischen und abwartenden Grundstimmung in der öffentlichen Meinung Deutschlands wie Frankreichs erwuchs im Laufe von vier Jahrzehnten schrittweise zunächst die gegenseitige Akzeptanz und schließlich eine durchaus freundschaftliche Haltung beider Nationen zueinander. Die für jedermann erkennbare, oft genug demonstrativ enge Zusammenarbeit der französischen Präsidenten Giscard d'Estaing und Mitterrand mit zwei deutschen Bundeskanzlern trug dazu bei. Mit Ausnahme jener zwölf Monate 1989/90, in denen die deutsche Wiedervereinigung erst als Möglichkeit erschien und alsbald Wirklichkeit wurde, haben die Politiker anderer europäischer Staaten, aber ebenso die Verantwortlichen in Washington und Moskau gewußt, daß ein Versuch, Paris gegen Bonn auszuspielen, als Fehlschlag enden würde; die erwähnte Phase ist ziemlich bald überwunden worden.

Tatsächlich haben die Regierenden in Paris und Bonn (später Berlin) die meisten Fortschritte auf dem Weg zur europäischen Integration bis zum Jahre 1992 gemeinsam zustande gebracht, wobei in der Regel der französische Präsident den Vortritt hatte. Natürlich mußten im Laufe dieser vier Jahrzehnte auch Rückschläge überwunden werden, und stets war zu berücksichtigen, daß die Regierungen der anderen Mitgliedsstaaten das Tandem Paris-Bonn bisweilen etwas argwöhnisch betrachteten.

Im Rückblick ist der in der öffentlichen Meinung in Deutschland seinerzeit heftig umstrittene NATO-Doppelbeschluß wahrscheinlich von größter Bedeutung. 1979 konnten die Regierungschefs der Franzosen, Engländer und Deutschen gemeinsam den amerikanischen Präsidenten Carter zu diesem Beschluß überreden. Er hat acht Jahre später zu dem Abrüstungsvertrag für atomare Mittelstreckenwaffen (INF-Vertrag) geführt, einem Ergebnis, das wir von Anfang an erwartet hatten; es hat das Ende des Kalten Krieges zwischen West und Ost eingeleitet. In den Jahren 2002/03 haben dann der hegemoniale Anspruch des Präsidenten Bush jr. und sein Angriff auf den Irak die enge Zusammenarbeit zwischen Paris und Berlin wieder ins Leben zurückgerufen.

Inzwischen hat die 2004 rechtlich vollzogene Erweiterung der EU um zehn neue Mitgliedsstaaten mit nahezu 75 Millionen Menschen die Situation Europas wesentlich verändert. Die finanzpolitischen Spielräume zugunsten der Neumitglieder sind deutlich begrenzt, zumal das ökonomische Wachstum der EU viel kleiner ist als das Wachstum in China, Indien oder den USA. Außerdem kränkelt die deutsche Volkswirtschaft, nach der Vereinigung um ein Drittel größer als diejenigen Frankreichs, Englands oder Italiens, weil sie alljährlich rund drei Prozent des Sozialprodukts für Einkommensverbesserungen (Renten, Arbeitslosengelder usw.) zugunsten der Einwohner der früheren DDR verwendet, was zwar die allgemeine Konsumnachfrage etwas stützt, nicht aber wirkliches Wachstum in diesem Landesteil bewirkt. Die infolgedessen langsamere wirtschaftliche Entwicklung Deutschlands drückt deutlich auf die mit ihr durch den gemeinsamen Markt und die gemeinsame Währung verbundenen anderen Volkswirtschaften Europas.

Der schwerwiegende Meinungsstreit über den Irak-Krieg und über die Bewältigung seiner höchst unübersichtlichen Folgen sowie die einstweilen noch ungelöste Frage einer Verfassung der EU tun ein übriges, die Zukunft der EU heute unklarer erscheinen zu lassen als in allen früheren Jahrzehnten.

Mehrere Möglichkeiten der künftigen Entwicklung sind denkbar:

1. Der ungünstigste Fall wäre das Andauern des gegenwärtigen Zustands und in der Folge der allmähliche Verfall der EU zu einer Freihandelszone mit einigen wenigen zusätzlichen Institutionen. Selbst unter dieser Voraussetzung würden aber der gemeinsame Markt und die gemeinsame Währung funktionieren. Denn keiner der Mitgliedsstaaten könnte die großen Nachteile auf sich nehmen, die als Folge eines Rückzuges aus diesen Einrichtungen unvermeidlich wären; selbst England, an der gemeinsamen Währung unbeteiligt, würde nur unter außergewöhnlichen Umständen aus dem gemeinsamen Markt ausscheren können. Der Euro würde in jedem Fall die zweitwichtigste Währung der Welt-

wirtschaft bleiben. Er würde in Europa zu einem gemeinsamen Kapitalmarkt der beteiligten Staaten und dadurch zu einer starken gegenseitigen ökonomischen Integration der am Euro beteiligten Staaten führen. Weitere EU-Mitgliedsstaaten würden deshalb wahrscheinlich dem Euro beitreten wollen. Eine gemeinsame Außen- und Sicherheitspolitik der EU wäre jedoch undenkbar. Vielmehr würden die USA auf längere Zeit die Außen- und die Verteidigungspolitik der europäischen Staaten weitgehend dirigieren.

2. Etwas günstiger könnte die europäische Entwicklung verlaufen, würden – bei Nichtinkrafttreten einer Europäischen Verfassung oder eines Grundvertrages – wenigstens einige der drängendsten Probleme einvernehmlich gelöst werden. Zum Beispiel könnte für bestimmte Bereiche künftig Ratsbeschluß durch qualifizierte Mehrheit gelten, nicht mehr, wie noch heute, durch Einstimmigkeit. Wünschenswert wären des weiteren eine einvernehmliche Aufteilung der Stimmrechte auf die Mitgliedsstaaten, eine Einschränkung der Aufgaben und Zuständigkeiten der Kommission sowie eine umfassende Zustimmungspflicht des Europäischen Parlaments zu allen künftigen Gesetzen (und ähnlichen Regeln) der EU. Auch in diesem Fall würde es zwar keine gemeinsame Sicherheits- und Außenpolitik geben, wahrscheinlich auch keine gemeinsame Haltung zu den Problemen der Zuwanderung, der Energiepolitik, der Beeinträchtigung des Klimas usw. Immerhin aber wären der Ausbau des gemein-

samen Marktes und eine gemeinsame Regulierung der Finanzmärkte, der Banken und Finanzhäuser denkbar.

3. Die gemeinsame Verfassung der EU oder ein Grundvertrag wären den hier skizzierten Alternativen natürlich bei weitem vorzuziehen. Wenn einer oder mehrere Staaten die Ratifikation der Verfassung verweigern sollten (zum Beispiel als Ergebnis einer Volksabstimmung), träte möglicherweise eine Lage ein, die dem gegenwärtigen Stillstand ähnelt. Dies könnte zum Ausscheiden einiger Mitglieder, sogar zum Zerbrechen der EU führen. Falls aber die Verfassung zustande käme, wäre die Handlungsfähigkeit der EU vermutlich auf einige Jahrzehnte gesichert. Die Handlungsfähigkeit würde sich allerdings nur in Ausnahmefällen auf außen- und weltpolitische Problemstellungen erstrecken. Bis zu einer umfassenden gemeinsamen Außen- und Sicherheitspolitik dürften noch Jahrzehnte verstreichen. Denn es ist nicht vorstellbar, daß Frankreich und England die nationale Hoheit über ihre Nuklearwaffen oder ihr Veto-Recht im Sicherheitsrat der UN aufgeben (und das am nationalen Prestige orientierte Verlangen nach einem ständigen Sitz Deutschlands im Sicherheitsrat wirkt in gleicher Richtung); genausowenig ist es vorstellbar, daß alle Mitgliedsstaaten auf ihre Außenministerien und ihre diplomatischen Vertretungen in aller Welt verzichten. Gleichwohl wäre eine gemeinsam akzeptierte Verfassung die bei weitem beste Voraussetzung dafür, daß die Europäische Union zumindest auf allen ökonomischen Fel-

dern die Interessen Europas wirksam verfolgen und darüber hinaus auf manch anderem Gebiet sich behaupten kann.

Unabhängig davon, welche der genannten Entwicklungen eintrifft, wird sich in der täglichen Praxis vermutlich ein innerer Kern der EU herausbilden; dieser wird mit Sicherheit Frankreich und Deutschland umfassen und wahrscheinlich auch die anderen Gründungsstaaten Italien, Holland, Belgien und Luxemburg. Es ist denkbar, daß dies zunächst ganz formlos, aber in Übereinstimmung mit den geltenden Verträgen (oder der Verfassung) geschieht. Die bisher geltenden Verträge sehen ausdrücklich die Möglichkeit einer engeren Zusammenarbeit zwischen einzelnen Mitgliedsstaaten vor. Umgesetzt wurde dies zum Beispiel in dem höchst bedeutsamen Fall der gemeinsamen Währung, der gegenwärtig drei der alten und alle zehn der neuen EU-Mitgliedsstaaten nicht zugehören, ebenso im Fall des Schengener Abkommens, welches die Grenzkontrollen für Personen weitgehend eingeschränkt hat. Auch die engen persönlichen Kontakte zwischen dem französischen Präsidenten und dem deutschen Bundeskanzler sind durchaus EU-konform. Es wäre denkbar, daß Deutschland und Frankreich – und dazu weitere EU-Staaten – ihre Stimmrechte im Weltwährungsfonds, in der Weltbank und sogar in der Generalversammlung der UN de facto bündeln, um dort gemeinsam erarbeitete Positionen zu vertreten und gemeinsam zu stimmen.

Aus dem nationalen Interesse sowohl Frankreichs als auch Deutschlands erscheint eine enge Zusammenarbeit beider Nationen und ihrer Regierungen auch in Zukunft geboten. Keiner von beiden könnte in Europa einen gewichtigen Partner finden, mit dem eine ähnlich weitgehende Übereinstimmung der nationalen Interessen und der politischen Kulturen gegeben ist. Freilich wird es entscheidend auf den Willen, die Wortwahl und das Auftreten der jeweiligen Führungspersonen ankommen und auf ihre Überzeugungs- und Durchsetzungskraft gegenüber der öffentlichen Meinung ihrer eigenen Nation – und gegenüber ihren eigenen Bürokratien.

Bürokratien kämpfen zäh um ihre Positionen und Prärogativen. Heute wird aus den Akten der siebziger Jahre ersichtlich, wie Diplomaten und Beamte in Paris und Bonn noch zäh um materielle, personelle und nationale Prestige-Vorteile feilschten, als der Präsident und der Bundeskanzler überzeugt waren, längst eine prinzipielle Einigung hergestellt zu haben. Im Zeitalter der Allgegenwart sensationsgieriger Medien und der Geschwätzigkeit indiskreter Mitglieder der Beamtenschaft und der politischen Klasse wäre es ein kleines Wunder gewesen, wenn die Diplomaten den Entwurf einer europäischen Verfassung zustande gebracht hätten. Statt dessen tat dies in offener Debatte ein Konvent von Politikern; danach rangen die Diplomaten und Bürokraten um viele kleine Änderungen – natürlich immer im Namen des nationalen Interesses!

Letztlich entscheidet sich die Fähigkeit zur Selbstbehauptung Europas allerdings wohl weniger im Ringen der europäischen Regierungen miteinander als vielmehr durch das Maß ihrer Abhängigkeit von amerikanischen Einflüssen. Die Europäische Union wird auf

Jahrzehnte keine »Gegenmacht« zur amerikanischen Supermacht werden. Überdies werden die USA bemüht sein, die EU nicht zu stark werden zu lassen. Dabei wird sich Washington auf die NATO stützen und mit deren Hilfe eine autonome Verteidigungsfähigkeit der europäischen Staaten zu verhindern suchen. Die USA können dabei wahrscheinlich noch lange auf eine enge Kooperation mit England rechnen; auch eine Kooperation mit Polen und anderen in letzter Zeit der NATO beigetretenen Staaten im Osten Mitteleuropas wird ihnen gelegen kommen. Eine Politik des *divide et impera* bietet sich den imperialistischen Kräften in Washington geradezu an. Dabei werden auch finanzielle Hilfen für einzelne Staaten eine Rolle spielen.

Je weniger Washington die Attitüde der wohlwollenden Herablassung an den Tag legt, die in den Jahren 2002 und 2003 das amerikanische Verhalten gegenüber Europa geprägt hat, und je weniger die gegenwärtig ostentative Militarisierung der amerikanischen Weltpolitik in Erscheinung tritt, desto größer werden die amerikanischen Einflußmöglichkeiten in Europa sein. Umgekehrt beeinträchtigen ein demonstratives Beharren Washingtons auf Ablehnung des Kyoto-Protokolls, auf Ablehnung des vertraglichen Verbots von Landminen, auf Ablehnung des Internationalen Strafgerichtshofes usw., vor allem aber der Anspruch auf Präventivkriegführung bei gleichzeitiger Weigerung, multilaterale Bindungen einzugehen, vor dem Hintergrund der von Amerika zu verantwortenden Lage im Irak und im Mittleren Osten den amerikanischen Einfluß auf die öffentliche Meinung in Europa. Der Ausgang ist gegenwärtig ungewiß.

Mit ziemlicher Gewißheit wird die Europäische Union aber wegen ihres gemeinsamen Marktes und des Euro zu einer ökonomischen Weltmacht – auch im Falle eines Ausscheidens von England. In etwa dreißig Jahren wird sich ein weltwirtschaftliches Dreieck aus der EU, den USA und China herausbilden – auch zwischen ihren drei Währungen –, ohne daß die USA dies verhindern können. Auf politischem und militärischem Gebiet wird die EU jedoch keineswegs eine Weltmacht werden. Die USA brauchen eine militärische Macht der EU gar nicht zu verhindern; denn weil die EU kein nennenswertes Problem der Selbstverteidigung hat, besteht fast überall in Europa nur eine vergleichsweise geringe Neigung zur Rüstung. Über mindestens mehrere Jahrzehnte wird Europa der militärischen Macht der USA um Klassen unterlegen bleiben. Wegen der gegenwärtig schnellen Überalterung der europäischen Nationen ist darüber hinaus auch ein Vitalitätsgefälle zwischen beiden Kontinenten zu erwarten. Kurzum: Die Vorstellung einer machtpolitischen Rivalität zwischen Europa und den USA ist abwegig.

Es ist möglich, keineswegs jedoch gewiß, daß eine große Mehrzahl der europäischen Nationen im Laufe der ersten Hälfte des 21. Jahrhunderts eine nach außen handlungsfähige Union zustande bringt. Eine solche Entwicklung erschien 1992 zwar wahrscheinlicher als heute, aber noch immer würde ich mit mehr als fünfzig Prozent Wahrscheinlichkeit rechnen. Als ein Schüler von Jean Monnet weiß ich, daß der europäische Integrationsprozeß nur schrittweise Erfolg haben kann. Krisen und Rückschläge sind Teil der Normalität.

Weil die Nationalstaaten Europas zu den kleinen

und mittleren Staaten der Welt zählen, weil sie weder Weltmächte noch Großstaaten sind, wissen sie sich angewiesen auf den Bestand des Völkerrechts und der multilateralen weltweiten Vertragssysteme, vor allem der UN und der Charta der UN. Sie werden in diesem Sinne auf ihre Partner Einfluß nehmen, auch und am nötigsten auf die Vereinigten Staaten von Amerika. Die Supermacht USA bedarf der Kritik und gleichzeitig des Verständnisses von seiten der Europäer. Wenn zur Zeit die amerikanische politische Klasse und die Regierung nicht sonderlich geneigt scheinen, zuzuhören und zu antworten, so liegt die Verantwortung dafür nur zur Hälfte bei den Amerikanern; zur anderen Hälfte liegt die Schuld bei den Europäern, die es nicht fertigbringen, mit einer gemeinsamen Stimme zu sprechen.

Die Verständigung zwischen den alten Nationen in Europa und der jungen Nation der Vereinigten Staaten ist wichtig, aber sie ist nicht die wichtigste Aufgabe der Europäer. Entscheiden wird sich die Zukunft des Kontinents vielmehr an der Frage, ob Europa die großen Probleme und Schwierigkeiten innerhalb des eigenen Hauses bewältigt. Denn uneinig untereinander und befangen im nationalen Egoismus, werden die europäischen Völker nicht genug Kraft haben, den Gefahren entgegenzutreten, die Europa im 21. Jahrhundert bedrohen.

SCHLUSSBETRACHTUNG

Aus der Sicht eines
deutschen Europäers

Am Anfang dieses Buches habe ich ein »düsteres Szenario« entwickelt. Wie sieht es am Ende des Buches aus? Führen tatsächlich sämtliche Prognosen in eine ungewisse Zukunft, oder gibt es, bei aller berechtigten Skepsis, doch auch Grund zur Zuversicht? Ich habe versucht, einige der für die nächsten Jahrzehnte erkennbaren Trends der globalen Entwicklung deutlich zu machen und auf die sich daraus ergebenden Fragen Antworten zu finden. Die meisten Fragen bleiben auch am Schluß offen, nur weniges – so die anhaltende Schlüsselstellung der Vereinigten Staaten von Amerika oder die stetig wachsende Bedeutung der Volksrepublik China – kann als gesichert gelten. Hingegen ist die Zukunft der Europäischen Union ungewiß. Ungewiß bleiben die Zukunft des afrikanischen Kontinents, das künftige Verhältnis zwischen dem Westen und der Weltreligion des Islam und ebenso die Zukunft des Mittleren Ostens. Offenbleiben zuletzt auch die weitere Entwicklung der völkerrechtlichen Ordnung und insbesondere die Zukunft der Vereinten Nationen.

Muß uns die Fülle an Ungewißheiten zum Pessimismus verleiten? Ich kann das nicht glauben. Denn zu keiner Zeit haben die Menschen den Gang der Geschichte vorhersehen können, immer blieb die Zukunft ungewiß. Das Orakel von Delphi war stets zweideutig und auslegungsbedürftig; die Griechen sind deshalb keineswegs zu Pessimisten geworden, im Gegenteil, sie haben Unvergleichliches in Kunst und Philosophie geschaffen. Die Apokalypse, das Weltgericht in der Offenbarung des Johannes, mit der das Neue Testament schließt, hat das Christentum keineswegs zum Pessimismus verführt. Pessimismus, Melancholie oder auch Angst sind teils eine Folge der Veranlagung, meist ergeben sie sich aus der Lebenserfahrung des einzelnen. Wenn aber die Chinesen, die Russen, die Deutschen oder die Japaner insgesamt am Ende des Zweiten Weltkrieges mit seinen grauenhaften Zerstörungen sich dem Pessimismus oder der Angst ergeben hätten, wäre ihnen der Wiederaufbau ihrer Länder kaum gelungen. Auch die Selbstbefreiung der Polen, der Ungarn, der Aufstand der Menschen in der ehemaligen DDR und im Osten Mitteleuropas ist nicht den Pessimisten gelungen, die es zu allen Zeiten in allen Völkern natürlich auch gibt.

Für den seiner politischen Verantwortung bewußten Bürger eines demokratisch verfaßten Staates ist Pessimismus eine unbrauchbare Grundhaltung – unbrauchbar auch besonders angesichts der heutigen Lage der Welt. Ist also Optimismus ein empfehlenswertes Kriterium für den, der zu handeln und die Folgen seines Handelns zu verantworten hat? Auch hier bin ich skeptisch. Denn Optimismus kann zu Fehlurteilen führen, zu Leichtfertigkeit und sogar zu Leichtsinn. Der bodenlose Optimismus der amerikanischen Regierung im Frühjahr 2003, durch einen Krieg gegen den Irak den

Mittleren Osten zur Demokratie führen zu können, und der Fehlschlag dieser Operation sind ein illustratives Beispiel. Der Zustand der Welt zu Beginn des 21. Jahrhunderts gibt kaum Anlaß zu einem generellen Optimismus.

Weder Optimismus noch Pessimismus sind brauchbare Richtlinien für den, der Verantwortung für andere trägt. Ein Regierender braucht vielmehr Realismus, kluge Vernunft und Urteilskraft. Er hat Augenmaß nötig, Selbstbeschränkung und Besonnenheit, Toleranz und Kompromißbereitschaft. Er hat den Willen und den Mut zur Freiheit nötig, den Willen zur Gerechtigkeit und den Willen zum Frieden. Er muß sich ständig seiner Verantwortung bewußt sein, seiner Verantwortung gegenüber der eigenen Nation und dem Staat wie auch seiner Mitverantwortung für das Wohl der anderen Nationen und der Welt. Eine Regierung, der die mitmenschliche Hilfsbereitschaft fehlt, kann leicht dem nationalen Egoismus verfallen. Solidarität und Nächstenliebe sollten jedem Regierenden selbstverständlich sein. Neben allen diesen Tugenden braucht ein Regierender gewiß Tatkraft und Energie – aber Tatkraft und Energie dürfen die Tugenden nicht überwuchern.

Persönliche Macht und persönliches Prestige, ebenso nationale Macht und nationales Prestige sind gewaltige Versuchungen für die Regierenden. Allzu viele tatkräftige Staatsmänner und Regierungen, ja ganze Nationen sind in den letzten beiden Jahrhunderten diesen Versuchungen erlegen. Zwar scheint zu Beginn des 21. Jahrhunderts ein abermaliger Weltkrieg höchst unwahrscheinlich, aber viele lokale und regionale Konflikte werden sich zu Kriegen und Bürgerkriegen ausweiten. Die einzige Supermacht der Welt wird nur wenige dieser Kriege und Bürgerkriege verhindern können.

Die USA werden nicht dauerhaft die Stabilität der Welt garantieren und zugleich einem nationalen *sacro egoismo* frönen können. Die Frage ist auf absehbare Zeit nicht, ob die amerikanische Hegemonie Bestand hat, sondern wie sie genutzt wird. Es liegt schon vier Jahrzehnte zurück, daß der damalige Senator William Fulbright in einem klugen Buch seine Landsleute vor der »Arroganz der Macht« gewarnt hat. Damals war Amerika eine von zwei überragenden Supermächten. Heute verführt die alleinige Machtposition die USA zu imperialistischem Gehabe. Eine Rückkehr zum Isolationismus ist eher unwahrscheinlich. Weil aber die USA keineswegs unverletzlich sind, ist auch die alleinige Supermacht im Interesse ihrer eigenen Sicherheit auf Kooperation mit vielen anderen Staaten angewiesen.

Auch amerikanische Bäume wachsen nicht in den Himmel, auch Amerika wird Fehlschläge erleben. Danach wird das Land, wenn auch unter Schmerzen, seine Fehler korrigieren. Das amerikanische Volk ist weniger ideologisch orientiert als die meisten europäischen Völker und viel pragmatischer als zum Beispiel wir Deutschen. Die Korrekturen, die in Amerika zu erwarten sind, werden ihre Zeit brauchen; wahrscheinlich aber weniger Zeit, als wir Europäer brauchen werden, um zu einer handlungsfähigen Union zusammenzuwachsen – wenn uns dies denn gelingt.

Für die Welt wird es von entscheidender Bedeutung sein, ob die USA sich den Regeln des Völkerrechtes unterwerfen – möglicherweise veränderten oder auch ver-

besserten Regeln – oder ob sie sich dadurch nicht gebunden fühlen und nur nach eigenem Ermessen handeln. Auch wenn kein anderer Staat die USA daran
hindern kann, sich über geltende Verträge und Vertragssysteme und über die Charta der UN hinwegzu-
setzen, so haben doch alle anderen Weltmächte und
sämtliche Staaten Asiens und Europas ein dringendes
Interesse an der uneingeschränkten Geltung des Völkerrechts.

Das gilt mit Sicherheit auch für China. Im weiteren Verlauf des 21. Jahrhunderts wird die Volksrepublik eine Bedeutung erlangen, die derjenigen der USA
gleichkommt. Es wäre unklug, in den unmittelbar vor
uns liegenden Jahrzehnten diese wachsende weltpolitische und weltwirtschaftliche Bedeutung des riesigen Entwicklungslandes zu unterschätzen. Gegenüber
China sind Respekt, Zusammenarbeit und Austausch
geboten. Die meisten europäischen Staaten haben das
eher und besser verstanden als etwa Japan und die USA;
sie sollten sich – auch im Falle chinesisch-amerikani-
scher Streitigkeiten und Konflikte von ihrer positiven
Haltung nicht abbringen lassen.

Dabei ist es abwegig anzunehmen, die Chinesen
wären allein der nehmende und die fortgeschrittenen
Industriestaaten der gebende Teil. Weil Intelligenz, Lern-
fähigkeit und Erfindungsgabe der Chinesen denjenigen
der Europäer gleichwertig sind, ihre Arbeitsmoral aber
überlegen ist, werden wir, wie sich schon bald heraus-
stellen wird, von China auch einiges zu lernen haben.
In Abstufungen mag das auch für andere Nationen in
Ostasien und für Indien gelten. Internationale Zusammenarbeit auf dem Gebiet der Diplomatie, der Wirt-

schaft und der Wissenschaft ist kein großzügig ge-
währtes Entgegenkommen oder gar eine Gnade der
Europäer, sondern liegt in unserem eigenen wohlver-
standenen Interesse. Das gleiche gilt für die Zusammenarbeit mit Rußland.

Schon im letzten Jahrhundert hat die schnell zunehmende Bevölkerungsdichte in Asien und Afrika zu
einer Reihe ethnischer, religiöser und rassischer Konflikte beigetragen. Im 21. Jahrhundert wird sich die Bevölkerungsexplosion fortsetzen; deshalb werden insbesondere religiös motivierte Kriege und Bürgerkriege
weiterhin einen starken Einfluß auf den Gang der Geschichte ausüben. Der islamistische Terrorismus, der
gegenwärtig die meisten Sorgen bereitet, ist eine Mischung aus privatem Krieg und Bürgerkrieg. Aber nur
in regional begrenzten Ausnahmefällen darf man hoffen, ihn allein mit polizeilichen und militärischen Mitteln erfolgreich bekämpfen zu können.

Mindestens ebenso notwendig ist eine prinzipielle
und praktisch erlebbare Anerkennung des Islam als
eine mit dem Christentum und anderen Glaubensge-
meinschaften gleichberechtigte Weltreligion. Wenn uns
Europäern, zumal den Deutschen, Franzosen, Spaniern
und Holländern, dieser Schritt nicht gelingen sollte,
könnte es auch bei uns zu Hause zu gefährlichen Konflikten kommen. Denn inzwischen leben viele Millionen gläubiger Muslime mitten in unseren Städten – oft
ghettoähnlich geballt in bestimmten Quartieren. Wir
haben große Mühe, die daraus resultierenden feindseligen Einstellungen der islamischen Ausländer und der
Einheimischen gegeneinander im Zaum zu halten. Darüber hinaus leben in unmittelbarer Nähe zu Europa, im

Nahen und Mittleren Osten und in Nordafrika, mehrere hundert Millionen Muslime, auf die der islamistische Fundamentalismus Einfluß zu nehmen versucht. Deshalb haben die politischen, geistlichen und intellektuellen Eliten in Europa eine bewußte Anstrengung nötig, ihre Nationen von der Notwendigkeit gegenseitiger religiöser und kultureller Toleranz zu überzeugen.

Zugleich ist für Europa eine gemeinsam zu beschließende und gemeinsam zu praktizierende Einwanderungspolitik geboten. Die Tatsache, daß Feindschaft und Haß sich in einer religiös heterogenen Mischbevölkerung besonders leicht entwickeln, muß Maßstab sein bei der künftig zu entscheidenden Frage einer eventuellen Aufnahme muslimisch geprägter Staaten in die Europäische Union. Wer meint, den Geburtenrückgang der Europäer und die daraus entstehenden großen Probleme – zum Beispiel für die Zukunft des Wohlfahrtsstaates und seiner Finanzierung – durch Einwanderung von Menschen einer anderen Kultur ausgleichen und bewältigen zu können, der kann Europa vom Regen in die Traufe führen.

Einerseits also Beschränkung der Europäischen Union auf Völker des gleichen Kulturkreises, andererseits praktisch erlebbare Toleranz gegenüber anderen Religionen und Kulturen: Diese beiden Prinzipien zugleich zu befolgen, ist keine unlösbare Aufgabe, wohl aber eine hohe moralische Verpflichtung für die nächsten Jahrzehnte. Die meisten europäischen Völker haben eine solche Aufgabe bisher nicht gekannt, wir sind darin nicht geübt. Um so mehr muß von den europäischen Eliten und von den Regierenden heute beispielhaftes Verhalten verlangt werden.

Die Nationen der Europäischen Union dürfen einen drohenden Zusammenstoß mit dem Islam auf keinen Fall als unvermeidlich hinnehmen. Deshalb sollten sie sich von jeder gewaltsamen Einmischung in die im Mittleren Osten schwelenden Konflikte fernhalten, es sei denn, sie würden selbst angegriffen. Weil eine Beruhigung der Region ohne Beendigung des israelisch-palästinensischen Konflikts ganz unwahrscheinlich bleibt, erscheint insbesondere für uns Deutsche – und so auch für mich – große Zurückhaltung geboten; denn zwangsläufig wird uns von Fall zu Fall entweder Antisemitismus oder aber dessen Überkompensation vorgeworfen und damit ein positives Ergebnis deutschen Engagements vereitelt werden. Deutschland sollte sich an Aktivitäten, die Entspannung und Frieden im Mittleren Osten zum Ziel haben, nur in Zusammenarbeit mit anderen, vornehmlich mit der UN, keinesfalls aber führend beteiligen.

Alle Staaten der EU haben ein hohes Interesse an der Aufrechterhaltung des Völkerrechts und besonders der Charta und der Institutionen der Vereinten Nationen. Das Völkerrecht ist keineswegs perfekt; auch die Satzung der UN und ihr Sicherheitsrat sind keineswegs perfekt. Zu allen Zeiten haben Staaten gegen geltendes Völkerrecht verstoßen, in den letzten beiden Jahrzehnten mehrfach durch sogenannte humanitäre Intervention in souveräne Staaten – wegen eines Genozids oder eines drohenden Genozids oder zur Eindämmung der Folgen. Bis in die neunziger Jahre hat die Denkfigur der humanitären Intervention in der Praxis der Staaten keine Rolle gespielt. Seither ist in einer wachsenden Zahl von Fällen auf amerikanische Initiativen zunächst gewaltsam interveniert und anschließend de jure oder de facto ein Protektorat errichtet worden – mit der amerikanischen Aufforderung an die Europäer und andere, sich an der Verantwortung für die Verwaltung der Protektorate zu beteiligen.

Es ist denkbar, daß die Voraussetzungen für eine gewaltsame Intervention mit humanitärem Zweck in Zukunft im Völkerrecht definiert werden, zum Beispiel durch Beschluß der UN und Ergänzung ihrer Charta. Solange das nicht geschehen ist, verbieten sowohl die Charta der UN als auch das deutsche Grundgesetz und desgleichen der Zwei-plus-Vier-Vertrag eine deutsche Beteiligung an einer humanitären Intervention, es sei denn, daß sie im Einzelfall durch den Sicherheitsrat der UN beschlossen wurde; eine Pflicht zur Beteiligung kann uns der Sicherheitsrat jedoch nicht auferlegen (und erst recht nicht der Nordatlantik-Pakt und die NATO).

Auf dem Balkan haben wir, gemeinsam mit anderen Staaten, gegen alle drei Verbote verstoßen. Weil heute insbesondere wegen des amerikanischen Anspruchs auf präventive Kriegführung und durch den völkerrechtswidrigen Angriff auf den Irak eine Entrechtlichung der Weltpolitik befürchtet werden muß, sollten die Regierungen der EU-Staaten wissen, daß die Beteiligung an Aktionen, die eine Verletzung der Charta der Vereinten Nationen darstellen, zur gewaltsamen Aushöhlung des Völkerrechts beiträgt. Im deutschen Fall ist darüber hinaus nicht nur aus völkerrechtlichen und verfassungsrechtlichen Gründen, sondern auch aus außenpolitischen und psychologischen Erwägungen äußerste Vorsicht geboten.

Deutschland sollte sich am weiteren Ausbau des Völkerrechts beteiligen, desgleichen am Ausbau der Institutionen der Vereinten Nationen und des Sicherheitsrates. Es liegt jetzt über zweihundert Jahre zurück, daß Immanuel Kant am Ende seines Lebens es uns zur Pflicht gemacht hat, schrittweise das Völkerrecht zu entwickeln. Ein ständiger Sitz im Sicherheitsrat ist dafür allerdings nicht nötig; wenn zwei deutsche Regierungen nacheinander diese Forderung verfolgt haben, dann aus Geltungsbedürfnis, nicht aber als Konsequenz der gleichzeitig von ihnen proklamierten »gemeinsamen« Außenpolitik der EU. Es liegt nicht im Interesse Deutschlands, an jedweder weltweit bedeutenden Entscheidung über Krieg und Frieden beteiligt zu sein und sich für die Folgen verantworten zu müssen. Die Vorstellung einiger deutscher Politiker, Diplomaten und Beamten, Deutschland habe in der Weltpolitik »eine Rolle zu spielen«, ist abwegig.

Das bei weitem wichtigste außenpolitische Interesse Deutschlands liegt heute in der Überwindung der gegenwärtigen Krise der auf 25 Mitgliedsstaaten erweiterten Europäischen Union und sodann in ihrer stetigen Entfaltung. Je mehr und je enger die Nationen zusammenwachsen, um so sicherer und freier darf Deutschland sich fühlen. Je stärker die europäischen Nationen sich jedoch auf die Verfolgung ihrer nationalen Egoismen konzentrieren, um so schwieriger kann für das Land im geographischen Zentrum die tägliche Nachbarschaft werden. Kaum einer der kleineren Mitgliedsstaaten der EU und keiner der großen Mitgliedsstaaten ist auf die Einbettung in die Union stärker angewiesen als Deutschland.

Falls die Unzulänglichkeiten der politischen Führer Europas zu einem langsamen Verfall der EU und am Ende zu einer bloßen Freihandelszone führen sollten, würden auch die Franzosen, ebenso die Polen, die Holländer, die Tschechen und manche der anderen Nationen sich unsicherer fühlen als heute. Denn nicht nur die tragische Geschichte, die sie im Verhältnis zu Deutschland hinter sich haben, ohne sie je ganz zu vergessen, sondern auch die Größe seiner Bevölkerung und seiner Wirtschaftskraft, die an Gewicht alle anderen EU-Mitglieder übertreffen, läßt ihnen die politische Einbindung Deutschlands als dringend erwünscht erscheinen. Je jünger die Politiker sind, die künftig Deutschland regieren, und je weniger eigene Geschichtserfahrung ihnen zur Verfügung steht, desto wichtiger wird für sie die Einsicht in die Interessenlage unserer Nachbarn.

Geschichte und Geographie haben den Deutschen eine ungewöhnlich große Zahl von Nachbarn beschert. Frankreich bleibt unser wichtigster Nachbar, danach folgt Polen, danach alle anderen. Die Pflege gutnachbarlicher Beziehungen zu allen Nachbarn ist für Deutschland von existentieller Bedeutung.

Aus ihrem eigenen nationalen Interesse sind die Franzosen, schon vor der Präsidentschaft Charles de Gaulles, uns Deutschen sehr weit entgegengekommen. Heute, mehr als ein halbes Jahrhundert später, erscheint die Europäische Union als ein in der Geschichte Europas einmaliger, gänzlich unerwarteter großer Erfolg. Von außenpolitischer Handlungsfähigkeit ist die EU jedoch noch viele Jahrzehnte entfernt. Bis es soweit ist, könnte sich ein innerer Kern der

Union herausbilden, ein Kern, der ohne Frankreich und Deutschland nicht möglich ist. Ohne Frankreich und Deutschland ist eine Vervollkommnung der Europäischen Union nicht denkbar. Ohne die Europäische Union aber können die europäischen Staaten nicht hoffen, sich als einzelne gegen die Gefahren zu behaupten, die im Laufe des 21. Jahrhunderts von außen auf den Kontinent eindringen werden. Agiert jeder für sich, können die Europäer im besten Fall unter dem Dach eines amerikanischen Imperiums ihre Sicherheit bewahren – nicht aber ihre Selbstbestimmung.

Diese Einsichten werden heute nicht – oder besser: noch nicht – von allen Politikern in Europa geteilt. Die Politiker werden von den Bürgern gewählt; um gewählt zu werden, passen sie sich den Stimmungen in der öffentlichen Meinung ihres Landes an. Auch wenn Stimmungen wechseln können, so ist doch die Stimmung zugunsten der europäischen Integration in Deutschland wie in Frankreich einigermaßen stabil. Allerdings ist es eher eine generelle Zustimmung aus grundsätzlicher Einsicht; dagegen nimmt die Öffentlichkeit nur von Fall zu Fall Kenntnis von den konkreten Fragen, die etwa in der Europäischen Verfassung oder in einem europäischen Grundvertrag zu beantworten sind. Weil sich die Mehrheit der Wähler infolgedessen nur selten eine klare Meinung zu einzelnen Fragen bildet, wären die politischen Führer in diesen Fragen eigentlich weitgehend frei. Sie haben diese Freiheit seit über einem Jahrzehnt jedoch nicht zu wesentlichen Fortschritten genutzt.

Der Grund für dieses Versäumnis der Regierenden seit 1992 liegt in der Furcht vor egoistischen, auf das nationale Prestige bedachten Reaktionen in der öffentlichen Meinung des jeweils eigenen Staates. Aber auch die Regierenden selbst haben sich nicht ausreichend von solchen Attitüden befreit. Dies gilt für eine Reihe von Regierungschefs; es gilt auch für Präsident Chirac und seine wechselnden Ministerpräsidenten, es gilt nicht weniger für die deutschen Kanzler Kohl und Schröder. Bis 1989 hatte es sowohl in Paris als auch in Bonn eine viel deutlichere Orientierung auf weitere Integrationsfortschritte in Europa gegeben als in dem Jahrzehnt nach 1992. Erst die Ablehnung der Vorbereitung des amerikanischen Angriffs auf den Irak hat seit dem Jahre 2002 Paris und Berlin wieder enger zusammengeführt.

Jeder Fortschritt in der europäischen Integration bedarf der vertrauensvollen und engen Zusammenarbeit zwischen Frankreich und Deutschland. Wenn es zu weiteren Fortschritten nicht kommen sollte, wäre das bisher Erreichte gefährdet, wobei Deutschland stärker gefährdet wäre als Frankreich und andere Länder. Die Integration bedarf auch in Zukunft mancher schwieriger Kompromisse. Politik ist »die Kunst des Möglichen«. In den nächsten Jahrzehnten wird es in dieser Kunst verstärkt darum gehen müssen, die nötigen Kompromisse im Geiste der europäischen Solidarität zustande zu bringen, ohne dabei die eigene nationale Identität zu verletzen.

So erfolgreich die Europäer dabei auch sein mögen, machtpolitisch wird die Europäische Union gleichwohl nicht mit den Vereinigten Staaten von Amerika konkurrieren können. Deshalb sollte auch kein europäischer Politiker dies in unnützer Weise versuchen.

Gleichwohl wird es auch in Zukunft transatlantische Interessengegensätze und Spannungen geben. In den letzten zwölf Jahren, ganz besonders in den Jahren seit dem Regierungsantritt von Bush jr., haben die Spannungen in einem seit Generationen ungewohnten Maße zugenommen. Ohne Zweifel liegen die Ursachen und die Verantwortung überwiegend auf amerikanischer Seite; aber auch die europäische Seite hat zur Entfremdung beigetragen. Eine weitere Fortsetzung oder gar eine Steigerung der Antagonismen kann nicht im Interesse der europäischen Nationen liegen. Sie liegt langfristig auch nicht im Interesse Amerikas. Amerika sollte wissen: Es gibt für die Mehrheit der kontinentaleuropäischen Nationen in absehbarer Zukunft weder einen strategischen noch einen moralischen Grund, sich einem denkbar gewordenen amerikanischen Imperialismus willig unterzuordnen. Wohl aber haben die Europäer gute Nachbarschaft und Zusammenarbeit mit Amerika nötig, und beides kann auch aus amerikanischer Sicht nur nützlich und erwünscht sein.

Gute Nachbarschaft und Zusammenarbeit bedürfen der Pflege. Europa und der Norden Amerikas stehen gemeinsam auf dem Boden der Aufklärung und verfügen über einen unerschöpflichen Fundus zivilisatorischer und kultureller Gemeinsamkeiten. Ließen wir es zu, daß uns das Bewußtsein dieser Gemeinsamkeit verlorengeht oder die gemeinsamen Wurzeln austrocknen, dann ginge auf beiden Seiten des Atlantik ein Kernbestand des kulturellen Selbstverständnisses verloren.

Aus dieser Erkenntnis folgt keineswegs, daß die Europäer jedweden amerikanischen Irrtum billigen oder ihm gar folgen müssen. Wir dürfen nicht zu willfährigen Ja-Sagern degenerieren. Auch wenn die USA in den nächsten Jahrzehnten weitaus handlungsfähiger sein werden als die Europäische Union, auch wenn die Hegemonie Amerikas für längere Zukunft Bestand haben wird, müssen die europäischen Nationen gleichwohl ihre Würde bewahren. Die Würde beruht auf dem Festhalten an unserer Verantwortung vor dem eigenen Gewissen.

Weil die Welt im 21. Jahrhundert dichter bevölkert sein wird als jemals, werden die gegenseitigen Abhängigkeiten weiterhin zunehmen. Wachsende Interdependenz bedeutet auch zunehmende Konflikte; diese werden nur durch Kompromisse zu lösen sein. Toleranz und Kompromißbereitschaft werden morgen noch wichtiger sein, als sie es gestern schon gewesen sind. Niemand, kein einzelner und keine Nation, hat das Recht, ausschließlich die eigenen Interessen und Ansprüche durchzusetzen. Denn wie jeder einzelne von uns, so hat auch jede einzelne Nation Pflichten und Verantwortung gegen andere.

Volker Perthes

ORIENTALISCHE PROMENADEN

Der Nahe und Mittlere Osten
im Umbruch

400 Seiten

Volker Perthes nimmt den Leser mit auf eine Reise durch
ausgewählte Länder des Nahen und Mittleren Ostens.
Er schildert die sozialen und politischen Realitäten
dieses Krisengebiets und zeigt, welche teils bedrohlichen,
teils hoffnungsvoll stimmenden Veränderungen sich
an diesem Brennpunkt der internationalen Politik
abzeichnen.

»Volker Perthes ist einer der besten deutschen Kenner der
nahöstlichen Szene.«
Frankfurter Allgemeine Zeitung

»Volker Perthes erklärt alle politischen und kulturellen
Zusammenhänge der komplizierten arabischen Welt
einfach, überzeugend und kenntnisreich.«
Elke Heidenreich

Siedler